Kraftvolle
Dialoge
schreiben

Yvonne Kraus

Kraftvolle Dialoge schreiben

Wie du die Figuren in deinen Romanen und Kurzgeschichten authentisch und lebensnah sprechen
lässt und so viel spannendere
Geschichten erzählst

Mit vielen praktischen Übungen

Praxiswissen für Autor*innen

Impressum

Herausgeberin und Gesamtverantwortliche:
Yvonne Kraus
Seeweg 9
53894 Mechernich
yvonne@leichtschreiben.de

Gestaltung Buchcover / Innenlayout: Yvonne Kraus

ISBN:
E-Book: 978-3-949854-30-9
Taschenbuch: 978-3-949854-31-6

Inhalt

Über dieses Buch

Über diese Reihe

Seit ich lesen kann, lerne ich etwas über das Schreiben – weil ich schon immer wusste, dass ich mein Leben auf beiden Seiten des Buchs verbringen würde. Richtig los mit dem Lernen ging es, als ich als Teenager meinen ersten Schreibratgeber in den Sonderangebot-Wannen vor meiner Lieblingsbuchhandlung entdeckte und natürlich sofort kaufte. Es war ein Wälzer mit rund 1 000 Seiten. Ich blätterte immer mal wieder rein, aber an Durcharbeiten war nicht zu denken. Dieser Ziegelstein von einem Buch gab mir das Gefühl: Das hier wirst du niemals beherrschen.

An Aufgeben wollte ich jedoch nicht denken. Also habe ich mich seitdem auf verschiedenste Weise im Schreiben fortgebildet: in Kursen sowohl in Deutschland als auch in den USA (wo meist ein etwas pragmatischerer Zugang zur Kreativität gelehrt wird) und natürlich auch mit der Hilfe zahlreicher Schreibratgeber, die mittlerweile mehrere Regalböden füllen.

2017 begann ich nicht nur, meine eigenen Bücher zu veröffentlichen, sondern auch, Kurse für andere Schreibbegeisterte zu geben, lange Zeit ausschließlich online.

Mittlerweile haben sich so mehr als 1 000 Stunden Video-Material aus meinen Kursen und Workshops angesammelt. So viel Wissen, das irgendwo auf einem Server verstaubt und nur einigen wenigen zugänglich ist.

Als mir nach meinem ersten *Worte-werden-Welten*-Retreat 2023 bewusstwurde, welcher Schatz da schlummert und nur darauf wartet, von mir geborgen zu werden, beschloss ich, all mein Wissen zusammenzutragen, zu sortieren und daraus einen monumentalen Schreibratgeber zu erstellen. Einen, der wirklich alle Aspekte des kreativen Schreibens umfasst.

Ja, genau. Das hier ist er nicht.

Und er wird auch nie das Licht der Welt erblicken. Denn 1 000 Stunden Material plus alles, was ich sonst noch übers Schreiben weitergeben möchte, sind locker 1 000 Seiten in einem Buch. Und so einen Schreibratgeber wollte ich selbst schon als Jugendliche nicht lesen – warum sollte ich dann einen schreiben und anderen Menschen damit auf den Keks gehen?

Doch die Idee vom Schatz, den ich bergen wollte, ließ mich nicht los. Und plötzlich ergab sich daraus ein anderes Konzept: eine Reihe von Schreibratgebern, die unterschiedliche Aspekte unter die Lupe nehmen und dabei nicht dieselben abgedroschenen Phrasen wiederholen, sondern neue Blickwinkel erlauben sollten. Auf den Punkt und gleichzeitig in die Tiefe gehend. Speziell und gleichzeitig sehr zugänglich: Mein Plan ist es, die einzelnen Bände für unter 10 Euro anzubieten.

So entstand diese Reihe, die gerade beginnt und in den kommenden Jahren um viele Bände anwachsen soll. Dank vieler treuer Leser*innen meines Newsletters habe ich eine ganze Liste an Ideen für weitere Schreibratgeber.

Ich freu mich drauf, sie alle zu schreiben.

So ist dieses Buch aufgebaut

Du hast dir dieses Buch gekauft, weil du lernen möchtest, bessere Dialoge zu schreiben (nehme ich an). Lernen besteht immer aus Theorie und Praxis. Keine Sorge, das hier ist kein langweiliges Lehrbuch. Trotzdem: Ein bisschen Hintergrundwissen muss sein, denn wenn wir verstanden haben, wie etwas funktioniert, fällt es uns gleich viel leichter, es anzuwenden und umzusetzen.

Anwenden und umsetzen darfst du gleich hier im Buch. Ich habe jede Menge Übungen in die einzelnen Kapitel eingefügt, damit du ins Tun kommst.

Am meisten hast du von der Arbeit mit dem Buch, wenn du begleitend dazu zwei Dinge tust:

- alle Übungen umsetzt, am besten in einem eigenen Heft oder Journal,
- deinen Blick mindestens für die Zeit der Arbeit mit dem Buch für das Thema Dialoge schärfst – denn wir lernen nicht nur durch Üben, sondern auch am Modell.

Ich habe einige Beispiele aus Romanen und Kurzgeschichten in das Buch aufgenommen. Schon anhand solch kleiner Dialogschnipsel lässt sich eine Menge lernen. Die meisten Menschen, die selbst schreiben, lesen auch sehr gerne. Wenn das bei dir auch so ist, wirst du keine Schwierigkeiten haben, weitere Beispiele zu finden. Am besten nimmst du sie unter den Blickwinkeln aus den verschiedenen Kapiteln unter die Lupe.

Ich empfehle dir, das Buch einmal von vorne nach hinten durchzuarbeiten – auch wenn du bei manchen Dingen glaubst: »Das kenne ich schon.« Meine Erfahrung ist, dass ich *immer* etwas Neues lerne, auch wenn ich denke, dass ich eine Sache schon gut kann. Wenn du das Buch komplett bearbeitest, hast du einen sehr guten Überblick und ein tiefes Verständnis zum Thema Dialoge. Danach kannst du dir die Kapitel herauspicken, die dich am meisten angesprochen haben, und sie gezielt für deine eigenen Projekte noch einmal bearbeiten.

Am Ende des Buchs findest du ein Stichwortverzeichnis. So kannst du diesen Band auch als Nachschlagewerk nutzen, wenn du bei deinen Projekten gezielt Tipps suchst.

Warum ich gendergerechte Sprache verwende

Als Autorin weiß ich, welchen Einfluss Sprache haben kann. Und als Frau habe ich selbst erfahren, dass Sprache Leben verändern kann. So gab es in den 1980er Jahren, in denen ich aufgewachsen bin, für viele Berufe keine weiblichen Vorbilder. Und ich war lange Zeit davon überzeugt, dass es mir aufgrund meines Geschlechts nicht möglich sein würde, Pilotin oder Astronautin zu werden. Und sollte ich Ärztin werden wollen, dann Kinderärztin, denn alle anderen Ärzte waren Männer.

Hätte es mehr Frauen in solchen Berufen gegeben und hätte ich sie auch in der Kleinstadt, in der ich aufgewachsen bin, zu Gesicht bekommen, wäre mir vielleicht klar gewesen, dass »Ärzte« genauso verwendet wird wie »Lehrer«. Meine erste Vorstellung bei dem Wort war jedoch – weil das Wort nun mal männlich ist – eine Gruppe von Männern. Und diese Vorstellung stimmte mit der Realität überein.

Ein bisschen ist das ein Henne-Ei-Problem: Wenn die Wirklichkeit anders wäre, bräuchten wir vielleicht keine andere Sprache. Oder wir hätten sie längst und es wäre allen egal. Die Wirklichkeit ist aber keine andere, und noch immer werden Ärztinnen im Krankenhaus regelmäßig mit »Schwester« angesprochen und Pflegekräfte werden viel zu schlecht bezahlt. Als Autorin kann ich das nicht ändern, diese Möglichkeit hätten andere Menschen.

Aber ich kann gendergerechte Sprache verwenden (ist wirklich ganz einfach). Und so dafür sorgen, dass Vielfalt ein bisschen sichtbarer wird.

Das ist es auch, was mich beim Schreiben (und beim Lesen) antreibt: Diese wunderschöne, rätselhafte Welt, in die wir einfach so ohne unser Zutun hineingeboren wurden (was für ein Geschenk!), ist unvorstellbar vielfältiger, als wir es in unseren wenigen Jahren auf der Erde erfassen können. Wir können darauf reagieren, indem wir die Vielfalt verneinen und sie beherrschbar machen wollen (was gar nicht klappen kann). Oder wir sind dankbar, nehmen uns selbst nicht so wichtig und staunen über das Wunder, hier zu sein. Ich entscheide mich immer wieder für das zweite. Das bedeutet für mich, dass ich Unterschiedlichkeit begrüße, aushalte und, wenn ich kann, sichtbar mache.

Vielleicht siehst du das genauso, vielleicht nicht. In deinen Texten machst du es einfach so, wie du es möchtest – sind ja deine Texte. Ich halte das aus.

Bonus-Material

Wenn du richtig gute Dialoge schreiben willst, kannst du viele Dinge tun: Du kannst dieses Buch lesen, Filme schauen, Romane lesen, die Ohren in Gesprächen spitzen. Vor allem aber solltest du dich darin üben, Dialoge zu schreiben und zu überarbeiten.

Dafür habe ich ein Workbook zusammengestellt, das die Themen aus diesem Buch aufgreift. Ich stelle es allen zur Verfügung, die meinen Newsletter abonniert haben. Du kannst es dir – zusammen mit einigen anderen zum Buch passenden Materialien – natürlich ebenfalls herunterladen. Melde dich dazu einfach unter
leichtschreiben.de/reihe-praxiswissen/
zu meinem Newsletter an, und ich schicke dir den Link zu meiner Ressourcen-Bibliothek zu. Alternativ kannst du auch den QR-Code ab-fotografieren, um die Anmeldeseite aufzurufen.

Im Newsletter erhältst du von mir regelmäßig Tipps und Infos zu meinen Angeboten.

Selbstverständlich kannst du dich jederzeit mit einem Klick wieder abmelden und behältst den Zugang zur Ressourcenbibliothek trotzdem.

Mit diesen Infos und den Bonus-Ressourcen bist du bestens ausgestattet für dein Dialog-Abenteuer. Also lass uns loslegen.

Und dann sprechen sie miteinander: Warum du dich als Autor*in mit Dialogen beschäftigen solltest

So machen Dialoge deine Texte besser

Ich erinnere mich nicht an viele meiner Deutsch-Klausuren aus der Schule, obwohl Deutsch mein Lieblingsfach war. Was ich noch ganz sicher weiß: Es ging selten um Kreativität und meistens darum, andere Texte zu beschreiben und zu analysieren. Dialoge? Spielten keine Rolle. Weder habe ich selbst welche geschrieben, noch haben wir sie genauer angesehen. Vielleicht war dein Deutsch-Unterricht origineller als meiner. Von den Teilnehmenden meiner Kurse weiß ich jedoch, dass meine Schulerlebnisse absolut gewöhnlich sind. Dialoge – Fehlanzeige. Auch in Texten, die wir privat schreiben – Tagebücher, Briefe, Blog-Artikel – kommen meist keine Dialoge vor.

Das heißt: Obwohl wir den ganzen Tag miteinander sprechen, haben wir nicht gelernt (oder sogar verlernt), Dialoge zu schreiben. Und das willst du mit diesem Buch verändern. Das freut mich sehr, denn ich bin absolut begeistert von Dialogen. Und wenn du die Kunst des Dialogschreibens beherrschst, werden deine Geschichten gleich noch mal besser.

Aber was ist eigentlich ein Dialog?

Der Duden definiert einen Dialog als eine »von zwei oder mehreren Personen abwechselnd geführte Rede und Gegenrede; Zwiegespräch, Wechselrede«. Der Begriff stammt aus dem Griechischen und setzt sich aus »dia« (= durch) und logos (= Wort) zusammen – und das ist eine besonders schöne Beschreibung: Durch das Wort entsteht eine Beziehung zwischen zwei (oder mehr) Menschen.

Auch zwischen erfundenen Menschen, den Figuren in deinen Romanen und Kurzgeschichten. Denn deren Dialoge schauen wir uns hier an. Und vergessen dabei nie, dass wir auch im echten Leben Zwiegespräche führen, die als Vorbild für alle erfundenen Dialoge dienen.

Bevor wir richtig ins Thema einsteigen, möchte ich dir zeigen, welche Bedeutung Dialoge für dich und deine Texte haben – und warum sie so wichtig sind. Insgesamt fünf Gründe habe ich hierzu für dich zusammengestellt.

Grund 1: Zoom auf deine Figuren

Warum lesen wir überhaupt Romane und Kurzgeschichten? Weil wir uns für andere Menschen interessieren. Für echte und für erfundene. Wir wollen sie kennenlernen, mit ihnen mitfiebern, uns für sie freuen. Dialoge machen das leichter. Denn du lässt deine Figuren selbst sprechen, statt etwas über sie erzählen. Näher kannst du mit deiner Roman-»Kamera« kaum an sie heranzoomen. In Dialogen werden Figuren lebendig und einzigartig. Und das sorgt dafür, dass wir unbedingt weiterlesen wollen.

Du könntest Dialoge also auch als angewandtes *Show, don't tell*[1] bezeichnen – in Dialogen geht der Erklärbär in die zweite Reihe und wir lassen unsere Leser*innen selbst erleben, wie unsere Figuren sind.

Grund 2: Genau wie im echten Leben

Woher weißt du, was deiner Familie wichtig ist? Dass jemand etwas Tolles erreicht hat? Oder dich mag? Wahrscheinlich sagen deine Mitmenschen dir das früher oder später.

Dialoge bilden unsere Lebenswirklichkeit ab. Wir sind daran gewöhnt, anderen zuzuhören und mit

---

[1] *Show, don't tell* ist eine sehr beliebte Schreibtechnik und DER Tipp, wenn's um Kreatives Schreiben geht. Dabei erzählen wir nicht einfach, was passiert (»Es war heiß«), sondern wir zeigen, wie das aussieht (»Er wischte sich den Schweiß von der Stirn und sah sich nach einem Kiosk um. Seine Kehle schmerzte beim Schlucken«). Die Bezeichnung geht auf Anton Tschechow zurück, der das Ganze mit diesen Worten beschrieb: »*Sag* mir nicht, dass der Mond scheint; *zeige* mir das funkelnde Licht auf zerbrochenem Glas.«

ihnen zu sprechen; auf diese Weise lernen wir Menschen kennen und sie uns. Dialoge in Texten wirken daher vertraut. Wir müssen beim Lesen nicht so viel denken und uns Szenen, Handlungen, Vorgänge bildlich vorstellen. Stattdessen können wir einfach den Gesprächen der Figuren lauschen – wie wir das im echten Leben auch den ganzen Tag bei unseren Mitmenschen tun.

Grund 3: Einfache Sprache

Häufig ist die Sprache in Dialogen einfacher als im Rest des Romans – schließlich sprechen wir meist mit einfacheren Worten, als wir schreiben. Deswegen können wir Dialogen leichter folgen als langen beschreibenden Texten. Menschen lesen Dialoge meist schneller als Fließtext, weil die Sätze kürzer sind und die Sprache natürlich klingt. So fliegen die Seiten nur so dahin. Beim Lesen haben wir das Gefühl, richtig schnell im Buch voranzukommen – und legen es erst recht nicht mehr weg.

Grund 4: Immer weiter

Dialoge zeigen Entwicklungen. In guten Dialogen passiert immer etwas – oft auch unterhalb der Oberfläche.

Deine Geschichte und/oder deine Figuren entwickeln sich. Dadurch, dass Informationen aufgedeckt werden, dass Beziehungen sich verändern oder dass Konflikte entstehen, aufbrechen, eskalieren. Weil du in Dialogen ganz nah an deinen Figuren bist und das Tempo normalerweise hoch ist, sind sie in spannenden Szenen besonders beliebt.

Grund 5: Einfach und doch komplex

Viele Menschen (auch ich) lesen gerne Romane, bei denen sie Dingen auf die Spur kommen müssen. Natürlich Krimis und Thriller, aber jede gute Geschichte hat einen doppelten Boden. Dialoge bieten das im Kleinformat, denn jeder Dialog hat Raum für eine zusätzliche Ebene. In spannenden Szenen können deine Figuren zum Beispiel humorvolle Bemerkungen machen, ohne die Spannung zu untergraben. Während deine Figuren sich oberflächlich streiten, kommen sie sich in Wahrheit gerade näher.

Als Erzähler*in kannst du solche Ebenen nicht einführen, ohne die Erzählstimmung zu untergraben. Figuren aber können Emotionen zeigen, die über das hinausgehen, was der Fließtext vermitteln kann. Sie sind nicht an die Stimmung der Handlung gebunden. All das schafft zum Beispiel dieser Dialog hier, der erste Absatz aus Judith Hermanns Kurzgeschichte *Sommerhaus, später*. Wir lernen hier viel über die namenlose Hauptfigur, über ihren

Bekannten Stein und über die Beziehung zwischen den beiden, die sie offensichtlich unterschiedlich einschätzen.

> Stein fand das Haus im Winter. Er rief mich irgendwann in den ersten Dezembertagen an und sagte: »Hallo«, und schwieg. Ich schwieg auch. Er sagte: »Hier ist Stein«, ich sagte: »Ich weiß«, er sagte: »Wie geht's denn«, ich sagte: »Warum rufst du an«, er sagte: »Ich hab's gefunden«, ich fragte verständnislos: »Was hast du gefunden?« und er antwortete gereizt: »Das Haus! Ich hab das Haus gefunden!«[2]

Wenn du dich auf die kommenden Kapitel einstimmen willst, kannst du schon jetzt etwas tun: Suche dir aus dem Roman, den du gerade liest, oder aus deinem Lieblingsroman einen Dialog aus, der dich anspricht. Schau dir die fünf Gründe an und prüfe, ob sie auf den von dir ausgewählten Dialog zutreffen. Gibt es noch weitere Gründe, aus denen der Dialog dich anspricht?

Dialoge sorgen dafür, dass dein Text lebendiger wird: Während du im Fließtext das Geschehen

---

[2] Hermann, Judith: Sommerhaus, später: Erzählungen.

beschreibst oder kommentierst, können deine Leser*innen in den Dialogen selbst zuhören – und gleich viel besser eintauchen. Dialoge sind daher eine wichtige Form des Prinzips *Show, don't tell.*

Wozu du Dialoge einsetzt

Als ich die *Robert-Langdon*-Reihe von Dan Brown anfing, hatten alle anderen sie schon gelesen – und gefeiert. Entsprechend hoch war meine Erwartung. Insgesamt fand ich die Geschichten nicht so spannend, wie ich gehofft hatte (Erwartungen können das Erleben manchmal ziemlich trüben), vor allem, weil Robert Langdon sich so gerne selbst reden hörte. In vielen Dialogen erfuhr ich alles, was ich an Hintergrundwissen brauchte, um die Rätsel zu verstehen – und lernte Langdon als eitlen Schwätzer kennen.

Dialoge sind natürlich nicht nur zum Spaß in deinem Roman, sondern sie erfüllen eine Funktion. Tatsächlich gibt es mehrere Aufgaben, die Dialoge gut übernehmen können. Eine Aufgabe, für die sie leider oft zweckentfremdet werden, ist das Erklären. Wenn eine schlaue Figur einer weniger schlauen Figur Dinge erklärt, lernen wir als beim Lesen alles gleich mit. Manche finden das spannend (wenn die Informationen spannend sind), ich finde, das ist *lazy writing*.[3]

Dabei gibt es so viel schönere Sachen, die du mit Dialogen anstellen kannst.

Zunächst mal kannst du deine Figuren ganz nah zeigen. Sie lebensecht werden lassen, weil du als erzählende Person zur Seite trittst und ihnen die Bühne überlässt.

Du kannst all die Höhen und Tiefen, die Menschen miteinander erleben, in deinen Dialogen zeigen – durch Missverständnisse, Gefühle, sogar durch Unausgesprochenes.

Gute Dialoge entwickeln entweder deine Geschichte oder deine Figuren – manchmal auch beides. Vielleicht verplappert sich eine deiner Figuren, und plötzlich bricht die Welt der anderen Figur zusammen. Oder deine Hauptfigur stellt fest, dass sie ihrem besten Freund nicht mehr vertrauen kann – weil er sich im Dialog in Widersprüche verstrickt.

---

[3] Im Englischen nennt man solche Dialoge auch *information dump* – Informationsmüllhalde – und so lesen sie sich häufig auch: als ob jemand eine Stelle gesucht hätte, um die ganzen lästigen Informationen abzuladen und sich nicht weiter drum zu kümmern.

Natürlich werden in Dialogen auch Informationen weitergegeben – aber im Idealfall Informationen, die zumindest auch für deine Figuren bestimmt sind und nicht allein für deine Leser*innen. Für die Spannung in deinem Roman ist es besser, wenn deine Dialoge mehr Fragen stellen als Antworten geben. Wenn wir beim Lesen wissen wollen, warum eine Figur etwas Bestimmtes sagt und eine andere Figur so reagiert, wie sie eben reagiert, lesen wir weiter. Genau, was du dir von deinem Publikum wünschst.

Du kannst dir Dialoge als Verbindung zwischen zwei Figuren vorstellen: Mindestens eine möchte der anderen etwas mitteilen, sie zu etwas bewegen, etwas in ihr auslösen. Im Beispiel aus *Sommerhaus später* im Kapitel *So machen Dialoge deine Texte besser* hast du das schon gesehen: Stein möchte die Hauptfigur mit seiner Begeisterung für ein Haus anstecken (und vielleicht noch mehr), die Hauptfigur will am liebsten nicht mal mit ihm reden. So wenige Sätze; und wir wissen schon so viel.

Dasselbe passiert im folgenden Beispiel aus einem Kurz-Krimi von Susanne Adick. Die Ich-Erzählerin versucht eine Verbindung aufzubauen, scheitert aber. Und schon fragen wir uns, was hier wohl los ist.

»Was zur Hölle ...«, sagte einer und wischte sich mit der nassen Hand durchs Gesicht. »Ja, was zur Hölle ...«, wiederholte ich, aber keiner hörte mich.[4]

Jetzt bist du wieder dran: In dieser Aufgabe sollst du dir einen Dialog überlegen. Du brauchst ihn noch nicht aufzuschreiben, das kommt später. Hier sollst du »nur« festlegen, wer mit wem wo und wann worüber spricht. In diesem Dialog sollen deine Leser*innen erfahren, dass eine Figur Angst vor der anderen hat, es aber auf keinen Fall zeigen möchte.

Welches Gespräch kannst du dir zu diesem Inhalt vorstellen?

Dialoge lockern deine Geschichte auf, können komische Elemente enthalten und auch mal Informationen offenbaren. Im Kern haben sie vor allem zwei wichtige Funktionen: Sie zeigen und entwickeln deine Figuren und ihre Beziehungen zueinander, und sie treiben die Handlung deiner Geschichte voran. Dialoge, die beides nicht tun, dürfen gerne auf den Prüfstand.

---

[4] Adick, Susanne: The Talking Story. Ein Rheine-Krimi. In: Lass sie mal machen: Kurzgeschichtensammlung.

Einen einfachen Dialog entwerfen

Neulich habe ich die Wiederholung eines Krimis aus den 1970er Jahren gesehen. Der Kommissar und sein Partner fuhren im Mercedes vor, stiegen aus, gingen die Treppe zum Hauseingang hoch, klingelten und warteten, bis ihnen die Tür von einem Mann geöffnet wurde. Dann stellten sie sich brav vor und fragten, ob sie es mit Herrn Pusemuckl (so hieß er natürlich nicht, aber den Namen habe ich leider vergessen) zu tun haben.

Früher dachte ich, Dialoge müsse man genau so schreiben – so, wie wir sprechen. Mit einer Begrüßung, einem Einstieg, und dann geht's endlich los. Viel spannender sind jedoch direktere Dialoge, bei denen wir sofort neugierig werden und weiterlesen wollen. Das kannst du erreichen, indem du alles Unnötige aus deinen Dialogen streichst.[5]

Der einfachste aller Dialoge umfasst genau die Dinge, die du übermitteln möchtest. Da kommt niemand in den Raum, wünscht einen guten Morgen, zieht den Stuhl zurück, setzt sich hin. Sondern du tauchst mitten in die Szene ein, am besten gleich ins Gespräch.

---

[5] Unnötiges wegzulassen ist sowieso einer der besten Tipps – fürs Schreiben und fürs Arbeiten. Im echten Leben dagegen gibt's nichts Unnötiges.

Du kennst das wahrscheinlich aus deinen Träumen (oder aus dem Film *Inception*, der Träume sehr gut nachgebildet hat). Im Traum sitzt du plötzlich in der Mathe-Klausur, ohne dass du dich morgens angezogen hast und zur Schule gegangen bist. Und meist fragt dein Gehirn nicht: »Hey, wieso sitze ich denn jetzt hier und versuche, unlösbare Aufgaben zu lösen?«, sondern es akzeptiert einfach, was passiert – und fiebert mit, was als Nächstes kommt.

Genauso geht es auch deinen Leser*innen, wenn du sie mit in deine Geschichten und vor allem deine Dialoge ziehst. Du brauchst keine Erklärungen. Menschen werden verstehen, worum es geht. Auch ohne den Kontext des Romans zu kennen, aus dem der folgende Dialog stammt, kannst du ihn einordnen und hast eine ungefähre Vorstellung davon, dass hier etwas Symbolträchtiges passiert.

> »Meinst du, wir können später noch bei der Drogerie vorbeifahren?«
> »Klar«, sagt Kirsten. »Was brauchst du denn?«
> Ich lächle.
> »Ein Haarfärbemittel. Es ist Zeit, das Blond loszuwerden.«[6]

---

[6] Hausmann, Romy: Liebes Kind.

Natürlich brauchst du mehr Informationen, um alle Ebenen des Dialogs zu verstehen – und du gibst du verstreut in deinem Roman. Du musst sie nicht direkt im Dialog einbauen – das macht die Spannung tatsächlich kaputt.

Nimm dir die Übung aus dem letzten Kapitel vor und setze den Dialog nun schriftlich um. Der Dialog muss nicht perfekt sein – schreibe einfach genau das auf, was dir einfällt. Wichtig: Steige direkt in die Szene ein, ohne große Erklärungen zu liefern.

Wenn du einen einfachen Dialog entwirfst, denke am besten an ein Drehbuch: Konzentriere dich auf das, was gesprochen wird. Im ersten Entwurf kannst du auch einfach die Namen der Figuren und einen Doppelpunkt vor die wörtliche Rede setzen. In der Überarbeitung wirst du das Ganze dann ausformulieren und in den Fließtext einbetten.

Inspiration für Dialoge finden

Wenn ich meinen Hund Rocket mit ins Büro nehme, gehe ich mittags eine Runde mit ihm um den nahe gelegenen See. Dort treffen wir fast immer einen alten Mann, der mich fragt, was für ein Hund Rocket ist, und der mir dann von seinem eigenen Hund erzählt, einem Jack-Russel-Terrier, der leider nicht mehr lebt. Die Gespräche, die ich mit diesem Mann führe, sind so besonders, dass ich danach immer das Bedürfnis habe, etwas aufzuschreiben. Nicht unbedingt, was er erzählt hat, sondern wie sich das Gespräch entwickelt hat, wie sich ein Thema aus dem anderen ergibt und sich so eine Verbindung zwischen uns ergibt.

Ideen für Dialoge sind überall um uns herum. Du selbst sprichst sicher täglich mit Menschen – mal über Belangloses, mal über wichtige und tiefe Themen. Du kannst dich dabei selbst beobachten: Aus welchen Gründen führst du ein Gespräch? Was macht das Gespräch mit dir und der anderen Person? Allein durch diese Beobachtung wirst du viel lernen.

Beobachten ist ohnehin ein gutes Stichwort: Du kannst Dialoge auch bei anderen beobachten. In den Geschichten und Romanen, die du selbst liest. Ab jetzt kannst du sie dir mit der Autor*innenbrille anschauen und dich fragen, was genau in dem Dialog passiert, warum er dich anspricht, was du selbst anders gemacht hättest. Es gibt viele Romane mit richtig guten Dialogen, und wenn du einmal anfängst, darauf zu achten, wirst du sie überall sehen.

Dialoge findest du auch auf dem Weg durch die Stadt, in der Bahn, im Fernsehen. Besonders spannend ist es, gemeinsame Themen herauszufinden. Als ich noch in der Kölner Innenstadt wohnte, ging ich oft durch die Straßen und merkte, dass Menschen sich meist über ähnliche Themen unterhielten. Ein echtes Stimmungsbarometer – und hilfreich für die Dialoge in deinen Geschichten: Menschen sprechen über das, was sie gerade besonders bewegt. Und wir sind keine einzigartigen Schneeflocken, sondern die meisten von uns bewegen ähnliche Dinge. Das trifft auch auf die Figuren in deinen Romanen zu. Was es deinen Leser*innen wiederum leicht macht, sich mit ihnen zu identifizieren.

Ich lasse mich auch gerne von Fernsehserien und Filmen inspirieren. Gerade in Serien gibt es oft schlagfertige Dialoge, weil die Autor*innen in Teams arbeiten und über die Jahre Figuren sehr gut ausarbeiten und sich entwickeln lassen können. Vielleicht gibt es ja auch eine Serie, die du gerne schaust, weil die Figuren oft witzige oder tiefsinnige Sachen sagen. Dann schnappst du dir am besten beim nächsten Anschauen was zum Schreiben und transkribierst ein paar der Dialoge. Denn wenn du sie geschrieben vor dir siehst, kannst du viel besser analysieren, was du gut daran findest und wie sich die Gespräche entwickeln. Manchmal findest du Transkripte zu Serien im Internet (einfach den Seriennamen und »Transkript« in Google eingeben). Bei der folgenden Szene aus der Serie *Dr. House* hatte ich Glück und konnte auf ein solches Transkript zurückgreifen. Es ist aber auch hilfreich, sich anzuschauen, was die Figuren tun, während sie sprechen. Dazu kommen wir später. In diesem Beispiel siehst du, wie gut alleine die wörtliche Rede einen Dialog tragen kann.

Vogler: Der Senator leidet unter Übelkeit, Kopfschmerzen und geistiger Verwirrung.

House: Ja, schlechtes Sushi ist so schwer zu diagnostizieren.

Vogler: [...] Wenn sein Fall so trivial ist, wie Sie denken, wird es Sie drei Minuten kosten, ihn zu diagnostizieren.

House: 3 Minuten, die ich auf der Toilette mit den Witzseiten verbringen könnte.

Vogler: Sie sind wütend auf mich.

House: [schließt die Tür] Nein. Ich mochte Cameron oder Foreman noch nie.

Vogler: Wissen Sie, warum ich Sie zwinge, einen von ihnen zu entlassen? Weil Sie mir beweisen müssen, dass Sie ein Teamplayer sind. Wenn Sie das tun würden, müssten Sie diese Übung nicht durchmachen.

House: Gut. Ich werde dem Senator die Haare halten, während er sich übergibt.[7]

---

[7] aus der Fernsehserie Dr. House, Staffel 1, Folge 17, Versteckte Wahrheit

Jetzt sorgst du erst mal dafür, dass dir die Ideen für Dialoge nie mehr ausgehen: Schreibe drei konkrete Inspirationsquellen für Dialoge auf, zu denen du jede Woche Zugang hast (zum Beispiel deine Lieblingsserie, das Warten morgens an der Bushaltestelle etc.). Nimm dir für die nächste Woche vor, diese drei Inspirationsquellen gezielt anzuzapfen. Schreibe dir dafür spätestens an jedem Abend mögliche Dialog-Ideen in ein Journal auf.

Dialoge sind überall um uns herum: Beobachte dich selbst im Gespräch, höre (diskret und respektvoll) Gesprächen anderer Menschen zu, und lausche Dialogen in Talk Shows, Radiosendungen oder in Filmen und Serien. Am besten notierst du dir alles, was dir auffällt und was du für verwendbar hältst.

Nicht nur Gerede: Die Elemente von Dialogen

So ist ein Dialog aufgebaut

Vor etwas mehr als 20 Jahren (wirklich, ich habe gerade nachgerechnet) habe ich an einem Kurs zum Drehbuchschreiben teilgenommen. Und anschließend einen komplett neuen Blick auf Dialoge im Roman gewonnen. Darauf, dass dabei mehr passiert, als dass »nur« etwas gesagt wird.

Denn Dialoge bilden Gespräche zwischen Menschen ab. Und Gespräche sind vielschichtig: Wir reden miteinander, tun dabei etwas, schauen uns an, meinen vielleicht etwas ganz anderes, als wir sagen. Und dann spielt auch noch die schriftliche Form der Dialoge eine Rolle: Manches müssen wir hinschreiben, weil wir beim Lesen nur über den Text Informationen aufnehmen können und nicht zusätzlich beobachten, was um uns herum passiert.

Insgesamt gibt es vier Elemente, die in Dialogen eine Rolle spielen: Zuerst fallen uns die Dialogzeilen selbst auf – die wörtliche Rede. Wir erkennen sie daran, dass sie (meist, manche Autor*innen nutzen keine) zwischen Anführungszeichen stehen. Diese Zeichen zeigen uns: Wir verlassen die Ebene des Erzählens und hören stattdessen den Figuren selbst zu. Eine ziemlich clevere Erfindung.

Dann gibt es die sogenannten inquit-Formeln, deren Funktion ist, zu zeigen, wer etwas sagt, und manchmal auch, wie sich das anhört.[8] Die häufigste inquit-Formel ist »sagte er/sie«, aber es gibt unzählige andere, und in inquit-Formeln wird gerne auch mal gefragt, ausgerufen, geflüstert, festgestellt und proklamiert.

Oft finden sich in Dialogen auch Beobachtungen und Gedanken der Hauptfigur, und zwar unabhängig davon, ob in der 1. Person (Ich-Form) oder in der 3. Person (er, sie, es) erzählt wird. Bei Geschichten, die in der Ich-Form geschrieben sind, gibt es häufig auch innere Monologe, die in den Dialog einfließen. Wir tauchen also in den Kopf der Hauptfigur ein und folgen ihren Handlungen.

In vielen Dialogen finden sich außerdem Regieanweisungen − Beschreibungen dessen, was die Figuren gerade tun, denn meist begleiten wir unsere Gespräche ja durch Mimik, Gestik und Handlungen, die wir nebenher oder (bewusst und unbewusst) als Teil des Gesprächs ausführen. Diese sind nicht einfach zwischen die Dialogzeilen geschrieben, wie du

---

[8] »inquit« ist übrigens Lateinisch für »sagt er/sie«.

es vielleicht aus Drehbüchern oder Theaterstücken kennst, sondern sie setzen die vorher erzählte Geschichte zwischen den Gesprächsfetzen fort. Beim Lesen fällt uns der Unterschied oft gar nicht auf.

Nicht in jeder Dialogszene wirst du alle vier Elemente finden, aber die wörtliche Rede gehört immer dazu – sonst ist es kein Dialog. Der folgende leicht absurde Dialog ist ein Ausschnitt aus einer längeren leicht absurden Szene und zeigt alle vier Elemente. Erkennst du sie?

> Das eine Auge saß kaum merklich tiefer als das andere und in einem anderen Winkel.
> »Oder dem eines anderen schaden«, sagte ich.
> »Stice geht mental aus dem Leim«, sagte Coyle und kam immer noch näher. Ich achtete darauf, außer Morgenmund-geruchsweite zu bleiben. [...]
> Mario fragte wieder, ob ich traurig sei.[9]

Schau dir den Dialog an, den du in der Übung zum Kapitel *Einen einfachen Dialog entwerfen* erstellt hast. Welche der vier Elemente findest du wieder? Welche nicht? Wie könntest du sie ergänzen? Wird dein Dialog dadurch besser oder verwässert er?

---

[9] Wallace, David Foster: Unendlicher Spaß.

Dialoge bestehen aus bis zu vier Elementen, die unterschiedliche Funktionen im Text ausfüllen: der wörtlichen Reden, sogenannten inquit-Formeln (»sagte er/sie«), inneren Monologen und Gedanken sowie Regieanweisungen. Gedanken und Regieanweisungen sehen auf den ersten Blick sehr ähnlich aus. Du kannst sie nur anhand des Inhalts unterscheiden. Wirklich erforderlich ist nur die wörtliche Rede – sie macht normalerweise den Hauptanteil deiner Dialogszenen aus.

Was sie sagen

Es soll Menschen geben, die sich in langen Dialogszenen nur die wörtliche Rede anschauen und fast alle anderen Elemente von Dialogen beim Lesen überspringen.[10]

Tatsächlich ist die wörtliche Rede der Kern des Dialogs. Ohne ihn gibt es keinen Dialog – ohne die anderen drei Elemente schon. Sie ist der Grund, warum wir uns überhaupt mit Dialogen beschäftigen. Und sie ist geradezu ein Wunderwerkzeug, wenn es darum geht, deine Figuren erlebbar zu machen.

Schauen wir uns einmal an, was in einem Dialog passiert: In deinem Roman oder deiner Kurzgeschichte

---

[10] Ja, ich rede von mir.

erzählst du (oder eine Figur, in deren Rolle du schlüpfst), was passiert. Egal, wie sehr du als Erzählperson in den Hintergrund rückst, es bleibt immer so, dass wir beim Lesen eine gefilterte Geschichte bekommen: gefiltert durch die Auswahl, Einordnung, Wortwahl. Jede Entscheidung, die du beim Erzählen triffst, ist ein Filter. Das ist nicht anders als in Alltagsgeschichten, die wir einander erzählen. Wenn ich abends darüber spreche, was ich tagsüber erlebt habe, rede ich vielleicht auch über andere Menschen – aber ich zeige sie immer durch meine Brille.

Anders im Dialog: Dort trittst du als erzählende und einordnende Person zur Seite und lässt deine Figuren für sich selbst sprechen. Deine Leser*innen rücken direkt an die Szene heran und können selbst einordnen und bewerten was passiert. Der Filter fällt weg (bzw. verzieht sich in den Text zwischen der wörtlichen Rede) und gibt einen ganz anderen Blick frei.

Das eröffnet unglaublich viele Möglichkeiten: Denn wenn wir etwas sagen, offenbaren wir so viel mehr als nur die Information, die wir geben. Vielleicht sagt deine Figur das eine, handelt aber ganz anders. Vielleicht lässt sie wichtige Informationen weg. Bedroht jemanden. Weicht aus. Oder lügt sogar.

In deinem Roman zeigst du, während du erzählst, wie deine Figuren handeln. Sprechen ist auch eine Handlung, und im Dialog stellst du Sprechen und Handeln deiner Figuren einander gegenüber. Dadurch erleben wir deine Figuren näher, klarer und vielschichtiger.

Um dieses Thema geht es ausführlich in den Kapiteln *Zwei haben was vor: Über die Intention in Dialogen* und *Als würden wir miteinander reden: Was Kommunikation und Dialoge gemeinsam haben,* denn diese Vielschichtigkeit lässt sich genau analysieren und für deine Dialoge einsetzen.

Dabei können ganz kleine Dialogfetzen und die Gedanken dazu einen tiefen Einblick in die Persönlichkeit und die Stimmung deiner Figuren geben, wie im folgenden Beispiel:

> »Ich bin einfach nur müde«, sagt Hendrik, wenn ich mich beschwere, dass wir zu selten Sex hätten – und wieso soll er das nicht sein dürfen?
> Ich bin selbst müde.[11]

In guten Dialogen passiert ständig was: Das heißt nicht, dass immer Action sein muss – viele Dinge geschehen ganz leise und im Hintergrund. Und

---

[11] Stelling, Anke: Bodentiefe Fenster.

haben trotzdem großen Einfluss. Die Geschichte entwickelt sich zum Beispiel weiter, indem eine wichtige Information weitergegeben oder vorenthalten wird oder eine Figur eine plötzliche Erkenntnis hat. Oder die Figuren entwickeln sich weiter, weil sie endlich mal über eine Sache sprechen, endlich den Mut aufbringen, zu sagen, was sie denken.

Manchmal reden deine Figuren aber auch aneinander vorbei. So entstehen Missverständnisse und aus den Missverständnissen Konflikte. Konflikte machen deinen Roman spannend – das gilt auch für Dialoge. Nicht jeder Konflikt ist ein Streit. Die meisten Konflikte sind einfach dadurch gekennzeichnet, dass deine Figuren unterschiedliche Ziele haben und sich gegenseitig von der Erreichung abhalten. Deine Hauptfigur möchte eine Überraschungsfeier organisieren, ihre beste Freundin hasst Überraschungen, sagt aber nichts? Missverständnis und Konflikt sind vorprogrammiert – und aus dieser kleinen Situation ließe sich ein ganzer Roman entwickeln.

Du siehst: Dialoge sind eine echte Kunst. Denn auch das, was deine Figuren sagen, ist gefiltert. Allerdings durch deine Figuren und nicht durch dich.

Schau dir deinen Dialog aus den vergangenen Übungen an. Was sagen die Figuren? Ist alles, was sie sagen relevant? Zeigen sich die Figuren in den Aussagen?

Überarbeite deinen Dialog, kürze und ergänze ihn so, dass die Inhalte wirklich relevant sind und deine Figuren zeigen.

Dialoge entwickeln deine Figuren und/oder deinen Plot weiter. Konflikte helfen dir dabei, Dialoge relevant zu halten. Wenn nur Informationen weitergegeben werden, können Dialoge schnell langweilig sein. Missverständnisse und unterschiedliche Ziele führen häufig zu Konflikten – beides wird in späteren Kapiteln noch Thema sein.

Was sie dabei tun und denken

Ich beherrsche einen Trick, mit dem ich immer wieder Menschen beeindrucke. (Zugegeben: deutlich mehr Menschen, als ich noch im Büro gearbeitet habe – heute ist mein Mann die einzige Person, die den Trick zu Gesicht bekommt, aber auch er beteuert mir, dass er ziemlich beeindruckt davon ist.)

Der Trick ist folgender: Ich kann mich mit dir unterhalten, während ich gleichzeitig an der Tastatur meinen Text weiterschreibe. Ich werde dabei nicht langsamer, schaue dich an und spreche ganz normal mit dir. Ein bisschen, als würden meine Finger von ganz alleine schreiben oder als wäre der Text in meinem Gehirn schon an einer anderen Stelle als an der, die ich fürs Sprechen brauche.

Studien gehen mittlerweile davon aus, dass Multitasking nicht existiert, sondern dass wir ganz schnell zwischen zwei Tätigkeiten hin- und herwechseln, während wir glauben, sie gleichzeitig zu tun. Und dass das unsere mentalen Kapazitäten ganz schön schlaucht.

Aaaaaber: Wenn wir miteinander sprechen, machen wir parallel eigentlich immer noch andere Dinge. Unsere Gespräche sind meist eingebettet in Handlungen. Wir erzählen uns von den Plänen für unseren Tag, während wir Teller und Tassen auf den Frühstückstisch stellen. Wir machen ein Geständnis, während wir das Sofakissen zerdrücken.

Die Handlungen, die während Dialogen ablaufen, lassen sich in drei Kategorien einteilen, die du nutzen kannst, um deine Geschichten noch besser und tiefer zu machen:

1. Bewusste »Nebenher«-Handlungen: Kiste ins Auto stellen, Koffer aus dem Gepäckfach über dem Sitz nehmen, Picknickkorb auspacken, Haare mit einem Handtuch trocknen. Diese

Handlungen geben deiner Geschichte Setting. Wir wissen durch sie, wo sich deine Figuren gerade tummeln, und bekommen ein besseres Bild von der Geschichte. Hast du bemerkt, wie die Liste an Tätigkeiten dich eben in deiner Vorstellung schon an Orte gebracht hat? Das passiert automatisch, wenn du zeigst, was deine Figuren tun, während sie miteinander sprechen.

2. Nonverbale Kommunikation: Die meisten von uns gucken irgendwie, während sie mit jemandem sprechen. Und dieses Gucken verrät eine ganz Menge. Vielleicht lächeln wir, vielleicht runzeln wir die Stirn, schieben die Unterlippe vor, oder eine Augenbraue zuckt.[12] Wir zeigen auf Dinge, auf die wir aufmerksam machen wollen, berühren jemanden leicht an der Schulter. Mimik und Gestik, die unterstreichen oder ergänzen, was deine Figuren sagen, sind wichtig, um die Dialog-Inhalte einzuordnen und verständlicher zu machen.

Dazu zählen auch die Betonung und die Lautstärke, mit der deine Figuren sprechen. Im Kapitel *Verbale, paraverbale und nonverbale Kommunikation* gehen wir genauer auf dieses

---

[12] sicheres Zeichen dafür, dass ich wütend bin

Thema ein. Wichtig für dich: Du solltest es nicht mit den Gesten übertreiben, sondern sie in einem natürlichen Rahmen lassen.

Das heißt: Deine Figuren gucken und zeigen nicht ständig, sondern nur, wenn es wirklich wichtig ist.

3. Unbewusste Handlungen: Das Beispiel mit dem Sofakissen ist eine sogenannte Übersprungshandlung – eine zusammenhanglose Handlung in einer Konfliktsituation.

Die meisten von uns führen solche und andere unbewusste Handlungen aus, wenn die Emotionen besonders stark sind. Sie suchen sich dann ein Ventil, damit wir weiter »funktionieren« können.

Solche unbewussten Handlungen kannst du nutzen, um die Gefühle deiner Figuren zu zeigen, ohne sie beim Namen zu nennen. Du zeigst damit gleichzeitig, dass deinen Figuren ihre Gefühle selbst nicht ganz bewusst sind.

Wir tun nicht nur Dinge, während wir sprechen, sondern wir denken auch (zumindest meistens). Wir sind ja Teil des Gesprächs und ordnen es ein.

Gedanken musst du in Dialogen nicht zwingend zeigen, aber manchmal geben sie deiner Geschichte einen ganz besonderen Ton. Du kannst mit diesen

Gedanken deine Figuren charakterisieren, weil du ihre Sorgen und Nöte wie eine Radiosendung ablaufen lässt. Das funktioniert besonders gut in der Ich-Perspektive, weil du dann einfach den inneren Monolog einfließen lassen kannst. Aber auch in der 3. Person kannst du die Gedanken schildern, wie in diesem Beispiel aus einem meiner Lieblingsbücher:

> »Ich weiß noch nicht mal, was du machst«, sagte Suzie, als sie ins Auto stiegen. Megan saß neben ihr im Babysitz; Will saß hinten neben Marcus, dem komischen Jungen, der unmelodisch summte.
> »Nichts.«
> »Oh.«
> Normalerweise dachte er sich etwas aus, aber er hatte sich in den letzten paar Tagen schon zu viel ausgedacht ... wenn er der Liste noch einen fiktiven Job hinzufügte, würde er erstens den Überblick verlieren und zweitens Suzie gar nichts Reales vorsetze.
> »Na, und was hast du früher gemacht?«
> »Nichts.«[13]

---

[13] Hornby, Nick: About a boy.

Nimm dir deinen Übungsdialog aus den letzten Lektionen wieder vor. Wo kannst du bereits erkennen, was deine Figuren während des Gesprächs tun oder denken? Gibt es wichtige Gedanken und Handlungen, die die Szene verbessern würden? Dann lasse sie einfließen. Denke dabei immer an *Show, don't tell*: Beschreibe nicht nur einfach, was die Figuren denken, sondern lasse sie so handeln, dass man ihre Gedanken ahnen kann.

Wenn wir uns miteinander unterhalten, verwenden wir nicht nur Worte, sondern auch Gestik, Mimik, Betonung. Manches davon tun wir bewusst, anderes unbewusst. Während deine Figuren miteinander sprechen, hören sie nicht auf, zu denken und zu handeln. Was davon für den Dialog relevant ist, kannst du in die Dialogszene einarbeiten.

Wer gerade redet

Eine*r oder 200 – das ist die ideale Anzahl an Gesprächspartner*innen für mich. Natürlich muss es nicht ganz so extrem sein, aber gerade in Gesprächen fällt es mir schwer, mich auf mehr als eine andere Person zu konzentrieren.[14]

---

[14] Wenn die Menge groß genug ist, dass ohnehin kein direkter Austausch möglich ist, geht es – daher 200.

Deinen Leser*innen geht es da ganz ähnlich: Sie fokussieren sich entweder vollständig auf eine oder zwei deiner Figuren – oder sie schauen aus der Vogelperspektive auf die ganze Geschichte. Dieses Wissen hilft dir dabei, deine Dialoge klarer und verständlicher aufzubauen.

Wenn nur zwei Figuren miteinander sprechen, ist das Ganze noch relativ einfach. Aus dem Kontext wird normalerweise klar, wer einen Dialog beginnt – und dann geht es wie im Pingpong-Spiel hin und her. Im Kopf denken wir uns oft die Stimme der ein oder anderen Figur hinzu, sodass wir meist wissen, wer da gerade spricht.

Aber ist es dir auch schon mal passiert, dass du plötzlich festgestellt hast: Dein Rhythmus stimmt gar nicht? Mir passiert das hin und wieder in Büchern, in denen nicht angezeigt wird, wer da gerade spricht. Ich denke dann mit zwei Stimmen im Kopf den Dialog mit, und plötzlich passt alles nicht mehr zusammen. Das bringt einen ganz schön aus dem Lesetakt – und das möchtest du für dein Publikum gerne vermeiden.

Hier sind die sogenannten inquit-Formeln hilfreich. Du kennst sie natürlich: *sagte er, las Mona vor, fragt Luis*. Sie haben maximal zwei Funktionen: Sie zeigen, wer spricht, und manchmal auch, wie die Figur spricht, also ob sie zum Beispiel *schreit*, *zweifelt*, *ruft*.

Wie so ziemlich alles sind auch die inquit-Formeln der Mode unterworfen. In den letzten Jahren sind sie nicht besonders beliebt. Vor allem emotionsgeladene inquit-Formeln werden häufig als übertrieben wahrgenommen. Deswegen verwenden die meisten Autor*innen sie so dezent wie möglich: nur dann, wenn wirklich nicht klar ist, wer da gerade was sagt, und in möglichst neutralen Formulierungen (*sagte er* statt *intonierte er*). Wenn du jede Dialogzeile mit einer inquit-Formel versiehst, springt die Aufmerksamkeit beim Lesen vielleicht dorthin statt direkt in die wörtliche Rede – und das schöne Pingpong-Spiel zwischen deinen Figuren wird gestört.

Hilfreich sind inquit-Formeln übrigens immer dann, wenn eine neue Figur in einem Dialog eingeführt wird, mehr als zwei Figuren miteinander sprechen oder deine Figuren sich gerade begegnen, wie im folgenden Beispiel:

>»Welche Marke bevorzugen der Herr?«, erkundigte sich der Barkeeper. »Keine besondere. Nehmen Sie irgendeinen«, sagte der Mann.[15]

---

15 Murakami, Haruki: 1Q84. Buch 1&2.

Achte ab jetzt in eigenen und fremden Dialogen auf den Einsatz von inquit-Formeln. Wie hast du sie bisher verwendet? Wie werden sie in den Büchern, die du liest, eingesetzt? Was denkst du beim Lesen darüber?

Im Dialog sprechen normalerweise zwei Figuren miteinander. Wenn sie im Wechsel sprechen, ist meist leicht zu erkennen, von wem welche Aussage stammt. Es reicht dann aus, die Sprechenden einmal am Anfang mit einer inquit-Formel zu markieren und dann erst wieder, wenn einige Wechsel stattgefunden haben oder wenn es nicht mehr aus dem Kontext klar wird. Zu viele inquit-Formeln unterbrechen den Lesefluss.

Dialog und Fließtext im Einklang

Wenn ich gerade nicht viel Zeit habe oder mental sehr eingespannt bin und trotzdem einen Roman lesen möchte, blättere ich ihn vorher kurz durch. Wenn ich zu viele lange Absätze sehe, weiß ich, dass das für diesen Moment nicht das richtige Buch für mich ist – das Lesen wird mir dann zu anstrengend.

Mit Dialogen kannst du deine Texte auflockern, leichter lesbar machen, deine Figuren in den Mittelpunkt stellen – lauter Vorteile, die dich vielleicht daran zweifeln lassen, welche Rolle Dialoge bisher in deinen Geschichten gespielt haben.[16] Tatsächlich können Dialoge all das, sie haben aber auch ihre Grenzen. Deswegen kommt hier ein kurzes Plädoyer für die gute Mischung, die ja meistens sinnvoll ist.

In Dialogen erfahren wir die Welt aus den Augen deiner Figuren. Das sorgt für Tiefe, weil wir uns in sie einfühlen können und sehr nah an ihnen, ihren Gedanken und ihrem Erleben sind. Was daran fehlt, ist die Weite, die ein Roman idealerweise auch mit sich bringt. Die erschaffst du mit Beschreibungen deiner Welt, mit den Erzählungen, die wahrscheinlich den größten Teil deines Buchs ausmachen werden. Denn deine Geschichte ist eben mehr als Gespräche deiner Figuren.

Fließtext brauchst du zum Beispiel, wenn du

*   Setting zeigen möchtest, also deine Geschichte in Raum und Zeit verankern willst. Ohne das wirkt sie beliebig, und wir können uns nur schwierig etwas darunter vorstellen.

---

[16] Dialoge scheinen auch leicht zu schreiben zu sein: Wir schreiben einfach einen Namen hin und was die Person sagt – viiiiel einfacher, als alles zu beschreiben. Richtig gute Dialoge sind jedoch eine Kunst, die du in den nächsten Kapiteln lernen wirst.

- Zeitsprünge zeigen willst, denn Dialoge laufen fast immer »in Echtzeit« ab. Wenn dein Roman einen Zeitraum von zwanzig Jahren umfasst, kannst du gar nicht anders, als hin und wieder ein paar Monate oder Jahre zu überspringen.

- Bewegung in deine Figuren bringen möchtest, denn Handlungen beschreibst du im Fließtext.

- deinen Roman durch Symbole und Metaphern um eine weitere Ebene bereichern willst – deine Figuren sprechen nämlich wie »normale Menschen« und nutzen eher selten Metaphern und so gut wie nie Symbole.

Auch die Wahl der Erzählperspektive und die Stimmung und Tonalität deines Romans setzt du im Fließtext und nicht in den Dialogen. Vielleicht musst du auch Hintergrund-Informationen liefern, um deine Welt zu beschreiben.

Was ich damit sagen möchte: Dieser kleine Band hat zwar Dialoge zum Thema, und wir werden uns so intensiv damit beschäftigen, als gäbe es nichts anderes. In deinem Roman und in deinen Kurzgeschichten sind sie jedoch nur ein Teil des Ganzen. Ein wichtiger Teil zwar, aber wie alle Teile funktioniert er nur, wenn du auch die anderen unter die Lupe nimmst. Und das Zusammenspiel übst: Dialoge sind in den erzählerischen Fluss eingebettet –

sie stehen nicht neben dem Fließtext, sondern unterbrechen und begleiten ihn. Beim Lesen merken wir das oft gar nicht, du als Autor*in steuerst hier aber bewusst den Lesefluss.

Im folgenden Beispiel aus dem wunderbaren Buch *Sieben Minuten nach Mitternacht* gibt es keinen wirklichen Dialog, weil niemand antwortet. Wir erhalten trotzdem durch dieses eine Wort wörtliche Rede einen Eindruck davon, dass hier ein Kind oder ein Jugendlicher spricht. Im Fließtext lernen wir dann mehr über ihn und seine Umgebung und darüber, wie er die Welt wahrnimmt.

Wenn wir ein Buch lesen, tauchen wir in diese Szene einfach ein. Wenn wir es analysieren oder selbst eins schreiben, verstehen wir, wie hier Dialog/wörtliche Rede und Fließtext zusammenarbeiten.

> »Mum?«, rief Conor, als er in die Küche kam. Er wusste, dass sie nicht dort war – er hörte den Wasserkocher nicht, den sie immer als Erstes anstellte –, aber in letzter Zeit sagte er oft ihren Namen, bevor er ein Zimmer im Haus betrat. Er wollte sie nicht erschrecken, falls sie versehentlich eingeschlafen sein sollte.[17]

---

[17] Ness, Patrick ; Dowd, Siobhan: Sieben Minuten nach Mitternacht.

Ergänze deinen Übungsdialog aus den letzten Kapiteln um Fließtext vor und nach dem Gespräch. Erschaffe so Setting für den Dialog, und lasse deine Leser*innen noch mehr in die Szene eintauchen.

Dein Roman oder deine Kurzgeschichte bestehen aus Dialogen und Fließtext. Zu wenige Dialoge machen deinen Text möglicherweise steif, distanziert und zäh. Zu viele Dialoge können dafür sorgen, dass man nur an der Oberfläche der Geschichte bleibt. Verwende Dialoge immer dann, wenn du ganz nah an die Figuren willst, und nimm daneben immer wieder die etwas weitere Position der erzählenden Person ein.

Zwei haben was vor: Über die Intention in Dialogen

Kein Blabla: Absicht im Dialog

»Ich habe eine tolle Nachricht für dich«, sagte mein damaliger Chef mir am Telefon. Er rief aus dem Urlaub in Südafrika an, und mir war klar, dass die Nachricht wahrscheinlich vor allem für ihn toll war. Doch natürlich wollte er mich mit ins Boot holen, mich überzeugen, dass hier etwas Gutes auf mich wartete. Das war seine Absicht. Wir haben alle immer und überall eine Absicht. Manchmal ist sie uns bewusst, manchmal nicht. Manchmal ist es eine kleine, manchmal eine große Absicht. Und manchmal ändern wir sie ganz spontan wieder. Wir haben sogar oft mehrere Absichten gleichzeitig. Mal arbeiten die gut zusammen, mal widersprechen sie einander.

Wenn du deinen Morgen mit einer Laufrunde beginnst, hast du als kurzfristige Absicht vielleicht, eine halbe Stunde für dich mit deinen Gedanken allein zu sein, bevor der Trubel des Tags losgeht. Mittelfristig hast du dir vorgenommen, einen Marathon zu laufen, um dir selbst zu beweisen, dass du ein solches ehrgeiziges Ziel erreichen und dich selbst dorthin bringen kannst. Langfristig möchtest du so lange fit bleiben, wie es dir möglich ist, um unabhängig älter zu werden. Gleichzeitig hast du morgens vielleicht die Absicht, noch ein bisschen im Bett zu dösen und deinen Tag gemütlich mit einer Tasse Kaffee zu beginnen. Welche deiner Absichten stärker ist und sich besser durchsetzen kann, entscheidet dann darüber, wie du handelst.

Deine Figuren haben auch Absichten. Die zentrale Absicht deiner Hauptfigur bestimmt den gesamten Roman. Diese Absicht muss nicht einmal weltbewegend sein, sondern sie wird dadurch wichtig, dass sie für deine Figur wichtig ist. Vielleicht möchte deine Figur sich beweisen, schneller sein zu können, als alle anderen, um am Ende selbst entscheiden zu können, für wen sie im Sportwettkampf antritt – wie Colin Smith in *Die Einsamkeit des Langstreckenläufers*. Das ist auf den ersten Blick keine weltbewegende Absicht; für Smith ist sie alles.

In einem Roman schreibst du normalerweise über mehr als eine Figur. Und diese Figuren haben unterschiedliche Absichten, die einander oft im Wege stehen und deine Figuren miteinander in Konflikte geraten lassen. Das macht sie zu Protagonist*in oder Antagonist*in – also zu Gegenspieler*innen. Keine der Figuren muss absolut gut oder abgrundtief böse sein, damit hier ein großer Konflikt entsteht. Wenn sie unterschiedliche Ziele verfolgen und sich dabei im Weg stehen, werden sie gegeneinander arbeiten.

Absichten müssen nicht über den ganzen Roman hinweg gleichbleiben. Wenn deine Figuren sich verändern (was sie tun), können sich auch ihre Absichten verändern. Die kleinen *Ich-geh-jeden-Morgen-joggen*-Absichten, und manchmal auch die großen Absichten, die den Verlauf der Geschichte bestimmen.

In Dialogen verfolgen deine Figuren auch eine Absicht. Sie wollen jemanden überzeugen, sich gut darstellen, wen loswerden, eine Information oder eine Sache bekommen oder eine Figur besser kennenlernen. Absichten können größer oder kleiner sein – sie sind immer da. Dabei sind die Absichten nicht immer allen klar. Deine Figur kann entweder direkt nach einer Information fragen oder geschickt ihre Mitmenschen dazu bringen, die Information preiszugeben – deine Leser*innen werden wahrscheinlich die Absicht erkennen, die anderen Figuren nicht unbedingt. Damit hat deine Hauptfigur dann schon zwei Absichten für dieses Gespräch: die Information zu bekommen und sich das nicht anmerken zu lassen.

Der folgende Dialog stammt aus der Kurzgeschichte *Geschichte deines Lebens*. Außerirdische sind auf der Erde gelandet, und nun versucht man, ihre Sprache anhand einer Tonbandaufnahme zu verstehen, um ihre Absicht zu ermitteln. Der zuständige Colonel Weber leidet unter einem akuten Fall von *Wasch-mich-aber-mach-mich-nicht-nass*: Er will so wenig Information wie möglich preisgeben und gleichzeitig eine exakte Übersetzung der Aufnahme bekommen. Die Sprachwissenschaftlerin Louise Banks will helfen und die Aufnahme übersetzen – braucht dafür aber ein paar Anhaltspunkte. Die Absichten widersprechen sich – ein Konflikt. Dieser Beispiel-Dialog zeigt, dass ein Konflikt nicht immer Drama und Streit bedeutet, sondern manchmal eine unlösbare, für alle Seiten unbefriedigende Situation. Hier bekommt (noch) niemand, was er oder will.

»In welchem Kontext wurde diese Aufnahme gemacht?«

»Ich bin nicht befugt, Ihnen das zu sagen.«

»Es würde mir bei der Interpretation der Geräusche helfen. Konnten Sie den Außerirdischen sehen, während er sprach? Hat er irgendetwas dabei gemacht?«

»Die Aufnahme ist alles, was ich Ihnen bieten kann.«

»Sie würden nichts verraten, wenn Sie mir sagen, dass Sie die Außerirdischen gesehen haben. Davon geht die Öffentlichkeit bereits aus.«[18]

---

[18] Chiang, Ted: Geschichte deines Lebens. In: Die Hölle ist die Abwesenheit Gottes: Golkonda, 2011. Die Fragen,

Nimm deinen Übungsdialog und schau ihn dir an. Welche Absichten verfolgen deine Figuren?

Wenn deine Figuren keine Absichten haben, gib ihnen welche, die schlüssig sind. Überarbeite den Dialog so, dass die Absicht klar wird, ohne dass du sie benennst.

Jede Figur in deinem Roman hat eine Absicht. Die Absicht der Hauptfiguren treibt die Handlung voran und sorgt für Konflikte. Manchmal ändert sich die Absicht im Laufe deiner Geschichte, zum Beispiel, wenn deine Figuren neue Informationen erhalten oder eine Veränderung durchlaufen. In guten Dialogen verfolgen die Figuren ebenfalls eine Absicht. Das kann die Haupt-Absicht oder eine Absicht für einen Schritt auf dem Weg zum Ziel sein.

Die Absicht hinter der Absicht

Schreiben ist für mich die größte Erfindung überhaupt. Ich liebe es, zu lesen, zu schreiben, mir Dinge auszudenken. Wenn ich schreibe, geht die Body-

die Louise Banks sich in Bezug auf den Außerirdischen stellt, wirst du in diesem Buch wiederentdecken – denn sie sind zentral für jede Kommunikation und damit auch für Dialoge. Überhaupt ist die Geschichte ein sehr spannender Einblick in unsere menschliche Kommunikation.

Battery meiner Fitness-Uhr nach oben. Deswegen gebe ich Schreibkurse – weil Schreiben so wunderbar ist und ich ganz gut schreiben und erklären kann. Das ist meine Absicht.

Doch dahinter steht noch eine andere Absicht. Ich wusste schon mit fünf Jahren, dass ich Schriftstellerin werden wollte. Es hat über 30 Jahre gedauert, bis ich mich getraut habe, mein erstes Buch zu veröffentlichen. Weil ich dachte – und zum Teil in der Schule beigebracht bekommen habe –: Das ist nicht für mich gedacht.

Ich weiß aus meinen Kursen und Workshops, dass es vielen Menschen so geht. Dass sie denken, man muss ein »Genie« sein, um ein Buch zu schreiben und zu veröffentlichen. Und die ihren Traum immer weiter verschieben, bis es vielleicht irgendwann zu spät ist.

Wir leben in einer Welt und zu einer Zeit, in der es so einfach wie nie ist, ein Buch zu veröffentlichen. Und es ist nicht einzusehen, warum dieser kreative Ausdruck nur einigen wenigen vorbehalten bleiben soll. Ich möchte mehr Menschen ermöglichen und ermutigen, sich ihren Traum vom eigenen Buch zu erfüllen. Und so meinen Beitrag dazu leisten, die Welt der Bücher zugänglicher und vielfältiger zu machen. Das ist meine Absicht hinter der Absicht.

Wahrscheinlich hast auch du eine Absicht hinter deinen Absichten. Wir alle haben eine oder mehre Sachen, die uns antreiben, die uns auch nachts um eins noch an einem Kapitel schreiben lassen, um das Buch endlich abzuschließen. Manche nennen es Ziel, manche Vision, manche Sinn des Lebens.

Deine Figuren haben auf jeden Fall eine solche Absicht hinter der Absicht. Es ist ihr großes, übergeordnetes Ziel, das sie meist den ganzen Roman oder die ganze Geschichte über verfolgen. Diese Absicht wird nicht immer direkt sichtbar, liegt aber hinter allem, was deine Figur tut.

Vielleicht möchte deine Hauptfigur Mara einmal im Leben nach Peru, weil das der große Traum ihrer Mutter war, bevor diese viel zu früh gestorben ist. Ihre große Absicht ist es, ihre Trauer zu verarbeiten und dabei herauszufinden, wer sie selbst ist und sein will. Anfangs lernen wir sie in ihrem Job kennen, wo sie mit ihrem Chef streitet. Die Absicht in diesem Gespräch ist es, ihn davon zu überzeugen, dass ihre Idee, die Aufgaben im Team neu zu verteilen, eine gute war. Der Chef hält dagegen, Mara will nicht klein beigeben, auch wenn es eigentlich nicht so wichtig ist. Denn die Absicht hinter der Absicht ist, dass sie sich selbst kennenlernen will. Und wie soll sie das, wenn sie einfach tut, was der Chef sagt?

Auch in Dialogen, die scheinbar nichts mit der großen Absicht zu tun haben, scheint diese durch, wenn wir genau hinschauen. Wie im folgenden Dialog aus *Girl on the Train*. Die Protagonistin Rachel macht auf der Polizeistation eine Aussage zu einer verschwundenen Frau, die sie morgens vom Zug aus beobachtet hat. Sie möchte helfen und dabei auch selbst herausfinden, was passiert ist – das ist ihre Absicht für den Dialog. Die verschwundene Frau wohnte ein paar Häuser neben Rachels Ex-Mann. Die Trennung hat Rachels Leben zerstört – und die Ermittlungen geben ihr einen Grund, in der Nähe ihres früheren Zuhauses zu sein. Im Grunde möchte sie ihr altes Leben wieder haben – das ist ihre Absicht hinter der Absicht.

>»Das ist er«, sagte ich. »Ich glaube, das ist er.«
>»Aber sicher sind Sie sich nicht?«
>»Doch, ich glaube, das ist er.«
>Er nahm das Bild heraus und betrachtete es kritisch. »Sie haben gesehen, wie sich die beiden küssten, haben Sie gesagt? Am vergangenen Freitag, richtig? Vor einer Woche? [...]
>»Wer ist das?«, fragte ich Gaskill. »Ist er ... Glauben Sie, dass sie jetzt bei ihm ist?«[19]

---

[19] Hawkins, Paula: Girl on the Train - Du kennst sie nicht, aber sie kennt dich.

Bestimme für die Hauptfigur in deinem Übungsdialog die Absicht hinter der Absicht. Was ist ihr großes Ziel? Und wie hilft ihr der Dialog dabei, dieses Ziel zu erreichen?

Überarbeite den Dialog so, dass sich die Absicht hinter der Absicht ablesen lässt.

Hinter der Absicht deiner Figuren liegt eine weitere, tiefere Absicht, das wahre *Warum* deiner Figuren, das die Geschichte prägt. Wenn du diese Absicht kennst, werden nicht nur deine Dialoge viel besser, sondern dein ganzer Roman wird tiefer und bewegender.

So entstehen Konflikte im Dialog

Neulich auf meiner Mittagsrunde durch den Park sah ich zwei Kinder, die sich stritten. Beide wollten dasselbe Spielzeug haben – und keins wollte es hergeben. Ein lautstarker Konflikt war geboren – einer der ersten Konflikte, die wir wahrscheinlich alle durchlebt haben –, dessen Ausgang ich nicht mitverfolgte.

Ein Konflikt entsteht immer dann, wenn zwei Vorstellungen, Wünsche, Meinungen nicht übereinkommen. Auch Missverständnisse sind perfekte Quellen für Konflikte – wahrscheinlich erinnerst du dich auch an den ein oder anderen Konflikt, der einfach auf einer unterschiedlichen Wahrnehmung beruhte.

Dialoge sind immer besser, wenn es einen Konflikt gibt. Denn dann wollen wir beim Lesen wissen, wie deine Figuren diesen Konflikt meistern, wie sie durch ihn verändert werden, welche Lösung sie für sich wählen. Werden sie am Konflikt wachsen, oder wird er sie auf ihrem Weg zurückwerfen?

Ein solcher Konflikt muss kein Streit sein (das ist tatsächlich ein häufiges Missverständnis), und er muss auch nicht immer die tiefsten Tiefen des menschlichen Seins berühren. Vielleicht will deine Hauptfigur einfach in ein anderes Restaurant als ihre beste Freundin und fühlt sich zurückgesetzt, weil sie nie etwas aussuchen darf. Vielleicht hat eine Figur etwas verheimlicht, was jetzt auffliegt. Oder sie hat ein Geheimnis und darf es auf keinen Fall verraten.

Hier noch ein paar Ideen für Situationen, die zu Konflikten führen können – im echten Leben und auch in deinen Dialogen:

- unterschiedliche Bedürfnisse,

- unterschiedliche Interessen,

- missverständliche Kommunikation (zum Thema Kommunikation wirst du im nächsten Kapitel noch eine Menge lernen),

- Werte und Überzeugungen,

- unterschiedliche persönliche Erfahrungen, die dazu führen, dass Situationen verschieden eingeschätzt werden,

- Macht und Machtlosigkeit bzw. der Wunsch nach Macht,

- starke Emotionen (auch dazu gibt es ein eigenes Kapitel),

- Konkurrenz,

- unerfüllte Erwartungen.

Im folgenden Beispiel hat der junge Moody dafür gesorgt, dass seine Freundin Pearl, in die er heimlich verliebt ist, große Probleme bekommt – weil er dachte, dass sie von jemand anderem schwanger sei und weil er darauf eifersüchtig war. In Wahrheit hatte Pearl aber jemand anderem geholfen und diese Person gedeckt. Nun wird sie wahrscheinlich ungerechtfertigterweise Ärger bekommen. Moodys Schwester Izzy weiß nichts von seinen Gefühlen, wohl aber, was er getan hat. Und das verstößt gegen ihre Werte – womit wir mitten im Konflikt sind.

»Du bist so ein verdammter Idiot.« Izzy riss sich los. »Pearl war nicht schwanger. Ist dir klar, dass Mom und Mia sie wahrscheinlich umbringen? Du hast sie den Wölfen zum Fraß vorgeworfen.«

Moody wurde bleich, aber nur kurz. Dann schüttelte er den Kopf. »Ist mir egal. Sie hat es verdient.«[20]

Baue einen Konflikt in deinen Übungsdialog ein, oder arbeite einen bereits darin vorhandenen Konflikt weiter aus. Was ist der Grund für den Konflikt? Wie zeigt er sich im Dialog? Wie entwickelt/steigert er sich?

Konflikte in Dialogen entstehen genau wie im richtigen Leben: Zwei Menschen wollen unterschiedliche Dinge – und beide gleichzeitig sind nicht möglich. Wenn du die Absicht deiner Figuren (und auch die Absicht hinter der Absicht) kennst, ergeben sich daraus immer wieder Konflikte, die in Dialogen zum Tragen kommen.

---

[20] Ng, Celeste: Kleine Feuer überall.

Als würden wir miteinander reden: Was Kommunikation und Dialoge gemeinsam haben

Was wir über Dialoge aus der Kommunikationswissenschaft lernen können

Vor Kurzem las ich das Buch *Eine kurze Geschichte der Menschheit* von Yuval Noah Harari – nachdem es zehn Jahre lang in meinem Bücherregal gestanden hatte. Auf jeder Seite standen faszinierende Fakten. Einer, der mir besonders im Gedächtnis geblieben ist, ist die Frage danach, warum der moderne Mensch aus historischer Sicht so »erfolgreich« war, warum er sich im Kampf um lebenswichtige Ressourcen gegen andere Menschenarten wie den Neandertaler und gegen Tiere durchgesetzt hat.

Eine Theorie lautet, dass es mit unserer Kommunikation zu tun hat – und zwar mit allem, was dazu gehört. Tratsch genauso wie die Weitergabe von Wissen. Kein Wunder also, dass Kommunikation all unsere Lebensbereiche durchzieht – bis hin zum Schreiben von erfundenen Geschichten.

Wenn wir schreiben, erschaffen wir eine Welt, die nicht real ist. Richtig gute Geschichten zeichnen sich aber dadurch aus, dass die Welt durchaus real sein *könnte*. Und ein wesentlicher Bestandteil unserer Welt ist die Kommunikation. Ich kommuniziere auch gerade mit dir, denn Kommunikation ist nichts anderes als der Austausch oder die Übertragung von Informationen.

Dialoge in Romanen und Kurzgeschichten sind verschriftlichte mündliche Kommunikation zwischen deinen Figuren. Das bedeutet 1) deine Figuren sprechen miteinander (direkt oder am Telefon oder per Video-Übertragung) und 2) du als Autor*in schreibst dieses Gespräch auf.

Beides ist wichtig, wenn du Dialoge entwirfst. Denn wir wissen mittlerweile ziemlich viel darüber, was alles gleichzeitig geschieht, wenn Menschen miteinander sprechen. Die Kommunikationstheorie beschäftigt sich mit diesem spannenden Feld, und wenn du als Autor*in ein bisschen darüber weißt, wirst du viel echtere Dialoge entwerfen können (und außerdem in ein extrem spannendes Wissensfeld eintauchen).

Dialoge in Romanen und Kurzgeschichten sind jedoch keine eins zu eins transkribierte Kommunikation. Während du sie verschriftlichst, veränderst du Gespräche. Die Elemente, die die wörtliche Rede begleiten (inquit-Formeln, Regieanweisungen und Gedanken) hast du bereits kennengelernt. Doch auch in die wörtliche Rede selbst greifst du ein und veränderst sie, damit sie glaubhaft und gleichzeitig lesbar bleibt. Außerdem triffst du immer eine Auswahl, weil belanglose Dialoge in Romanen wahnsinnig langweilig sein können.

In diesem und den nächsten Kapiteln geht es zunächst um Kommunikation, darum, dass unter der gesprochenen Oberfläche oft ganz schön viel brodelt – wie im folgenden Beispiel, in dem ein echter Chagall an der Wohnzimmerwand der Hauptfigur hängt – und wir nebenher etwas über die unterschiedliche Lebenswirklichkeit der Figuren erfahren. Wie die beiden Figuren über das Bild sprechen, zeigt uns, dass gerade unterschiedliche Dinge in ihren Köpfen vorgehen, zwischen »Ich kann nicht fassen, dass jemand dieses Kunstwerk besitzt« und »Cool, ihr gefällt das Bild«. Solche Gegensätze zwischen Figuren wirken stärker, wenn wir beim Lesen die Perspektive einer Figur kennen – die meisten von uns hängen eher Kunstdrucke, Fotografien oder Selbstgemaltes in ihr Wohnzimmer.

> »Was macht das Bild hier?«, fragte sie.
> »Gefällt es dir?«
> »Ist es echt?«
> »Natürlich ist es echt.«
> »Woher hast du es? Was kostet so etwas?«[21]

---

[21] Ferris, Joshua: Mein fremdes Leben.

Hier ein paar Stellen, an denen wir etwas über die beiden Figuren erfahren:

- Ihre Reaktion auf das Bild ist nicht etwa: »Wow, ein Chagall« oder »Tolles Bild!«, sondern »Was macht das Bild hier?« Es ist für sie unvorstellbar, dass in einem Privathaus ein echtes Bild eines berühmten Künstlers hängt. Sie geht auch nicht auf die Frage ein, ob es ihr gefällt. Sie ist schockiert und kann nicht glauben, dass etwas so Wertvolles einfach dort herumhängt. In ihrer Lebenswirklichkeit haben Menschen keine Chagalls an den Wänden hängen.

- Er dagegen möchte Smalltalk über das Bild machen, findet es selbstverständlich, dass es echt ist, und auch nicht ungewöhnlich (»Natürlich ist es echt«). In seiner Lebenswirklichkeit ist es nichts Besonderes, teure Kunst zu besitzen.

So wenige Wörter und so viel Information – weil Kommunikation immer über das hinausgeht, was gesagt wird. Und weil wir – oft unbewusst – erfahren darin sind, auch die anderen Ebenen mitzuhören.

Was weißt du über menschliche Kommunikation? Notiere dir Dinge, die du gelernt hast oder intuitiv weißt, und überlege dann, was dies mit deinen Dialogen zu tun haben könnte.

Dialoge sind geschriebene Kommunikation. Auch wenn wir Dialoge nicht eins zu eins aus dem »echten Leben« übernehmen können, weil sie dann häufig zu irrelevant für einen stark verdichteten Roman wären, lässt sich aus der Kommunikationswissenschaft einiges über den Auf- und den Unterbau von Dialogen lernen.

Das Sender-Empfänger-Modell[22]

Als Kinder bauten meine Schwester und ich einmal ein Dosentelefon[23]. Ich war ein bisschen enttäuscht darüber, dass es nicht wie ein richtiges Telefon funktionierte und dass dieses lästige Seil bestimmte, wie weit entfernt voneinander wir das Telefon noch nutzen konnten. Dann wiederum fand ich spannend, wie der Schall über eine Schnur übertragen werden kann.

Das Dosentelefon ist ziemlich unpraktisch, was fernmündliche Kommunikation angeht. Aber es ist eine super Illustration des Sender-Empfänger-

---

[22] Ich nutze für dieses Modell die männliche Form, weil sie so im Modellnamen verwendet wird. Mir ist klar, dass das inkonsistent ist. Nach langem Überlegen und Abwägen habe ich mich an dieser Stelle entschieden, bei den ursprünglichen Formulierungen des Modells zu bleiben.
[23] Hier eine Anleitung, falls du dich gerade fragst, wovon ich rede: https://utopia.de/ratgeber/dosentelefon-kinderleichte-anleitung-zum-spielzeug-selber-bauen/

Modells von Claude E. Shannon und Warren Weaver – des absoluten Basis-Modells der Kommunikationswissenschaften. Viele andere Theorien – auch die, die ich dir in diesem Buch noch vorstellen werde, basieren darauf.

Das Sender-Empfänger-Modell zerlegt – wie Modelle das tun – Kommunikation in ihre Bestandteile, damit wir sie genauer untersuchen können. Sechs Komponenten brauchen wir, damit menschliche Kommunikation zustande kommt, und diese sechs Komponenten sind immer da, wenn wir miteinander sprechen oder schreiben – auch wenn uns das meistens nicht bewusst ist. Das sind die sechs Komponenten menschlicher Kommunikation:

- der Sender,
- der Empfänger,
- die Codierung,
- die Decodierung,
- das Signal,
- die Reaktion.

Der Sender möchte eine Information weitergeben, die er bislang nur im Kopf hat. Meine Schwester möchte mir vielleicht mitteilen, dass ich ein Doofi bin. Jetzt kann sie diese wertvolle Information nicht einfach von ihrem in meinen Kopf pflanzen (auch wenn ich mir vorstellen könnte, dass sie es mal probiert hat). Deswegen muss sie sie in eine Form bringen, die sie weitergeben kann – sie codiert die Nachricht in Sprache und erstellt so ein Signal. Das Signal gelangt über das Dosentelefon zu mir, und ich decodiere die Nachricht – das heißt, ich übersetze die Sprache in Bedeutung und verstehe sie. Und ich reagiere mit der klassischen Retourkutsche, dem »Selber Doofi!«[24]

Zack – Kommunikation.

Codieren und decodieren lässt sich die Information auch auf anderem Weg: zum Beispiel nonverbal durch Gesten und Mimik oder paraverbal durch Betonung und Lautstärke.

Was hat das mit deinen Dialogen zu tun? Ganz einfach: Alle Komponenten sind anfällig für Störungen. Und Störungen sind die Basis für Konflikte, die deine Geschichten spannend und besonders lesenswert machen. Vielleicht formuliert eine deiner Figuren ungenau und erhält dann eine Reaktion, die sie sich so nicht gewünscht hat, und schon bist du mitten im Konflikt.

---

[24] Hätte ich geschwiegen, wäre auch das eine Reaktion gewesen. Eine Reaktion muss nicht immer eine neue Information sein.

Schau dir das Beispiel aus *Gone Girl* einmal an. Die Nachricht, die die Polizistin hier codiert, hat mehrere Ebenen. Sie sagt, dass sie und ihre Kolleg*innen Nick Dunne, den Ehemann der verschwundenen Amy Dunne, befragen werden, und zwar noch bevor sie irgendjemand anderen in Betracht ziehen. Übersetzt heißt das: Er ist ihr Hauptverdächtiger. Gleichzeitig bringt sie Gründe jenseits eines Verdachts, um ihn zu befragen, als wollte sie ihn sehr offensichtlich in Sicherheit wiegen und ihn wissen gleichzeitig lassen, dass sie ihn im Auge behalten wird. Unterm Strich sagt sie: Du bist unser Hauptverdächtiger, deswegen schauen wir uns dich ganz genau an. Solange wir keine Beweise haben, sind wir noch freundlich, aber das kann sich sehr schnell ändern. Am Ende fragt sie sogar noch, ob er versteht, was sie meint – was bewusst doppeldeutig ist.

Die Reaktion, die sie bekommt, ist ein kurzes »Gut« – was soll er auch anderes sagen? Wieder jede Menge Inhalt unter der Oberfläche. So funktioniert Kommunikation.

> »Okay, großartig, danke«, sagte sie. »Ähm, okay. Ich möchte gern erst mal die lästigen Dinge aus dem Weg räumen. Den Mist. Wenn Ihre Frau wirklich entführt worden ist – das wissen wir noch nicht, aber falls es

sich herausstellen sollte –, wollen wir den Kerl natürlich kriegen, und wenn wir ihn kriegen, dann wollen wir ihn festnageln, und zwar richtig. Keine Hintertürchen. Kein Spielraum.«

»Gut.«

»Deshalb müssen wir Sie erst mal ausschließen, ganz schnell, ganz einfach. Damit der Kerl später nicht behaupten kann, dass wir Sie nicht ausgeschlossen haben, verstehen Sie, was ich meine?«[25]

> Identifiziere Sender, Empfänger, Codierung, Decodierung, Signal und Reaktion in deinem Übungsdialog. Gibt es Störungen? Wenn ja, wo liegen sie?

Das Sender-Empfänger-Modell von Claude E. Shannon und Warren Weaver ist das wohl bekannteste Kommunikationsmodell: Ein Sender codiert eine Information in ein Signal, das er an den Empfänger sendet. Dieser decodiert das Signal und antwortet in einer Reaktion. An allen sechs Stellen kann die Kommunikation gestört sein – auch in deinem Roman.

---

[25] Flynn, Gillian: Gone Girl - Das perfekte Opfer.

Das Eisberg-Modell von Freud

Manchmal komme ich von einem ausgedehnten Spaziergang zurück und erzähle meinem Mann einen Gedanken, den ich für genial halte – und den er im ersten Moment gar nicht verstehen kann. Denn hinter diesem Gedanken steht eine Stunde voller anderer Gedanken, die zu ihm hingeführt haben und die ich ihm in meiner Begeisterung nicht mitteile.

Das Eisberg-Modell von Freud setzt an einer ähnlichen Stelle an: Es zeigt, dass ein großer Teil unserer Kommunikation ungesagt bleibt – und wir ihn manchmal verstehen, manchmal aber auch nicht. Wie bei einem Eisberg sehen (und hören) wir nur das, was über der Oberfläche liegt. Darunter finden aber 80 % der Kommunikation statt. Das können Gedanken, Gefühle und Absichten sein. Manches davon können wir durch Körpersprache oder andere subtile Hinweise erkennen. Andere Dinge sind selbst der sprechenden Person verborgen. Oft hilft Kontext, um zu entschlüsseln, was ungesagt bleibt, aber mitgemeint ist.

Dieses Wissen kannst du gezielt nutzen, indem du deine Figuren Dinge verschweigen lässt, über die es ihnen vielleicht unangenehm ist zu reden oder die sie ihrem Gegenüber vorenthalten wollen.

Im folgenden Beispiel siehst du das: Tony Hastings trifft den Polizisten Bobby Andes nach über einem Jahr zum Essen. Andes versucht, den Mörder von Tonys Frau zu überführen – bislang ohne Erfolg. In einem Nebensatz hat Andes erwähnt, dass er nichts mehr zu verlieren hat, weil er ja sowieso bald an Krebs sterben wird. Im folgenden Dialog geht es nur an der Oberfläche darum, ob und wann Andes etwas isst. Es geht um Tonys Sorge, seine Erschütterung über diese Nachricht und darum, dass Andes das Thema gar nicht vertiefen möchte. In diesem Dialog bleibt das meiste ungesagt.

> »Können Sie gar nichts essen? Wie halten Sie durch, wenn Sie nicht essen können?«
> Neuerliches Schulterzucken. »Mal so, mal so.«
> »Ich weiß es zu schätzen, dass sie sich solche Mühe machen.«
> »Manchmal kann ich essen, manchmal nicht. Irgendwie stinkt's hier.«[26]

Analysiere deinen Übungsdialog. Was liegt über der Oberfläche und was steckt darunter? Wie zeigt sich, was unter der Oberfläche liegt?

---

[26] Wright, Austin McGiffert: Tony und Susan

Sigmund Freud hat das Eisberg-Modell entwickelt: 80 % der Kommunikation liegen – wie bei einem Eisberg – unterhalb der Oberfläche. Das, was gesagt wird, macht nur einen kleinen Teil aus. Das kannst du auch für deine Dialoge nutzen, indem du Dinge ungesagt lässt und nonverbale Kommunikation einbringst.

Watzlawicks fünf Axiome der Kommunikation

Als ich 17 war, hatte ich ein Date mit dem Freund eines Freundes. Das Date lieb ungefähr so ab: Wir verabredeten uns fürs Kino, und nachdem er mich gefragt hatte, welchen Film ich sehen wollte, buchte er Tickets für einen anderen. Als wir vor dem Film im Café waren, bestellte er zwei Cola, als die Kellnerin kam – eine ganz offensichtlich für mich, obwohl ich damals keine Cola trank. Auf der Autofahrt zurück schwiegen wir. Ich hatte, um ehrlich zu sein, keine Ahnung, was ich ihm sagen sollte. Mein Punkt kam trotzdem rüber: Ein zweites Date gab es nicht.

Auch wenn wir nichts sagen, kommunizieren wir mit anderen Menschen, sobald wir mit ihnen zusammen sind. Durch unsere Körpersprache, durch unser Schweigen. Wir können nicht nicht kommunizieren – das ist das erste von Watzlawicks fünf

Axiomen der Kommunikation. Axiome sind in der Mathematik Gesetze, die man nicht beweisen muss – alle gehen davon aus, dass sie gelten, und forschen auf Basis dieser Annahmen weiter. Paul Watzlawick hat solche Axiome für die menschliche Kommunikation aufgestellt, denn wir alle folgen unbewusst denselben Regeln, wenn wir miteinander kommunizieren. Auch deine Figuren in Dialogen.

Im Folgenden stelle ich dir kurz die fünf Axiome vor und zeige dir, wie du sie für deine Geschichten anwenden kannst.

1. Man kann nicht nicht kommunizieren

Sobald zwei Menschen miteinander in Verbindung treten, kommunizieren sie. Wenn du den Raum betrittst und ich entweder lächle oder den Blick nicht von der Tastatur hebe, schicke ich dir eine Nachricht.

Deine Figuren kommunizieren nicht nur durch Worte, sondern auch durch Gesten, Mimik und sogar durch ihre Stille. Es ist wichtig, das zu beachten, wenn du Dialoge schreibst. Nicht gesagte Worte können oft ebenso viel ausdrücken wie gesprochene (und manchmal sogar mehr). Beim Lesen berührt es uns besonders, diese Nachrichten zu entschlüsseln, weil sie uns so lebensecht vorkommen.

2. Kommunikation hat immer einen Inhalts- und einen Beziehungsaspekt

Ist dir mal aufgefallen, wie du dieselbe Information ganz unterschiedlich an verschiedene Menschen weitergibst? Kommunikation hat nämlich nur zum Teil etwas mit Informationsübermittlung zu tun. Sie ist immer auch Teil der Beziehung, die wir zu anderen Menschen haben – und sie formt diese Beziehung. Jedes einzelne Mal. Ein Satz wie »Ich bin müde« umfasst nicht nur die Information über meinen Fitness-Zustand, sondern auch, dass ich eine bestimmte Vorstellung von dir habe (Nähe, Vertrauen) und dass ich mir vielleicht etwas von dir wünsche (Ruhe, eine kuschelige Decke).

Auch deine Figuren stehen in Beziehung zueinander. Und diese Beziehung verändert sich über das gesamte Buch hinweg. Zeig das in deinen Dialogen. Überlege nicht nur, was deine Figuren sagen, sondern auch, wie sie mit verschiedenen anderen Figuren kommunizieren. Wenn du einen wichtigen Dialog schreibst, kannst du dich immer fragen, wie diese Szene sich ändern würde, wenn du eine der Figuren austauschen würdest. So vertiefst du dein Verständnis der Beziehung deiner Figuren zueinander.

3. Kommunikation ist immer ein Prozess

Wahrscheinlich hast du das auch schon erlebt: Du gehst in ein Gespräch und es läuft überhaupt nicht so, wie du es dir vorgestellt hast. Du bist am Ende ganz und gar nicht an dem Punkt, den du dir gewünscht hast. Das liegt daran, dass Kommunikation nicht starr, nicht statisch ist, sondern sich mit den Menschen darin entwickelt und bewegt. Wir haben das Gefühl, wir reden »nur«, aber am Ende ist es immer auch Reden, das die ganze Welt verändert.

So gestaltest du auch die spannendsten Dialoge in deinen Geschichten: indem du in ihnen deine Figuren und den Plot weiterentwickelst – und zwar so, wie die Leser*innen es sich nicht vorgestellt haben. Kommunikation ist immer dynamisch und nicht statisch. Genau das gewünschte Ergebnis daraus zu erhalten, kann ganz schön viel Arbeit sein.

4. Menschliche Kommunikation bedient sich analoger und digitaler Signale

Um dieses Axiom zu verstehen, müssen wir uns ins Gedächtnis rufen, dass Paul Watzlawick 1921 geboren wurde und die Begriffe »analog« und »digital« anders verwendet hat als wir heute. Es geht hier nicht um mehr oder weniger moderne Technologie, sondern darum, welche Mittel wir nutzen können, um miteinander zu kommunizieren.

digital kommt vom lateinischen Wort *digitus*, was *Finger* bedeutet[27]. Digitale Signale sind solche, mit denen wir auf etwas anderes verweisen (quasi mit dem Finger auf etwas zeigen), die also zunächst interpretiert werden müssen. Ganz einfach gesagt: Es sind Wörter und Sätze, das, was uns als Erstes einfällt, wenn wir über Kommunikation sprechen. Ein Wort hat nicht von sich aus eine Bedeutung, sondern es erhält sie, weil wir sie ihm geben. Es zeigt also auf etwas anderes.

Bei analogen Signalen entsprechen sich das Signal und die Bedeutung dagegen. (*analog* kommt aus dem Griechischen und bedeutet *entsprechen*.) Wenn ich lache, ist dieses Lachen Zeichen und Bedeutung in einem. Wenn ich mich wegdrehe, ebenso.

Körpersprache ist zu einem großen Teil analog. Wenn wir beide jedoch ein geheimes Zeichen vereinbart haben, dem wir eine Bedeutung zugewiesen haben, ist dieses geheime Zeichen digital – es

---

[27] Spannenderweise gibt es noch einen zweiten Ursprung des Worts *digital*, und zwar aus dem Englischen, wo *digit* *Ziffer* bedeutet. Wenn wir von einer Digital-Uhr sprechen, meinen wir die mit den Ziffern.

verweist nicht auf sich selbst, sondern auf etwas anderes.

Wir nutzen also zwei Ebenen, wenn wir miteinander sprechen, und deine Figuren machen das genauso. Wir können oft gar nicht anders, als das, was wir sagen (und dabei denken) mit Gesten und Mimik zu unterstreichen. Das kannst du wunderbar in den Regieanweisungen umsetzen, sodass deine Figuren alle Möglichkeiten ausschöpfen, um miteinander zu sprechen und so viel authentischer wirken.

5. Kommunikation findet in einem sozialen Kontext statt

Du hast sicher auch schon mal ein Missverständnis erlebt, das dich komplett überrascht hat. Meistens liegt das daran, dass wir unterschiedliche Hintergründe und Erfahrungen mit in eine Kommunikationssituation bringen. Wir sind keine unbeschriebenen Blätter, sondern haben schon eine Menge erlebt (und gehört).

Auch deine Figuren haben einen sozialen und kulturellen Hintergrund und bringen diese in die Dialoge ein. Das zeigt sich in ihrer Sprache, aber eben auch in ihrer Reaktion auf das Gesagte. Wenn du Dialoge mit deinen Figuren entwirfst, frage dich, wie ihr Hintergrund sie reagieren lässt. Du kannst hier auch an das Beispiel mit dem Chagall aus dem Kapitel *Was wir über Dialoge aus der*

Kommunikationswissenschaft lernen können denken – die unterschiedlichen Hintergründe bestimmen dort, wie die Figuren reagieren.

So wendest du die Axiome an:

Hier sind ein paar Impulse, mit denen du die Axiome nutzen kannst, um deine Dialoge zu verbessern:

- Frage dich, welche Informationen deine Figuren wirklich übermitteln, auch dann, wenn sie gerade nicht sprechen. Welche nonverbalen Signale senden sie?

- Denke immer daran, dass deine Figuren in einer Beziehung zueinander stehen und dass diese Beziehung sich in den Dialogen zeigt bzw. diese formt.

- Dialoge verändern sich selbst, die Figuren in ihnen und die Handlung. Frage dich bei all deinen Dialogen, was darin – außer dem »Informationstransfer« – alles passiert.

- Nutze Körpersprache und Emotionen in deinen Dialogen, um sie noch echter wirken zu lassen.

- Berücksichtige den sozialen Kontext und den Hintergrund deiner Figuren. Wie ändert das ihre Kommunikation?

Vielleicht wirken diese Axiome noch ein bisschen steif oder übertrieben auf dich. Tatsächlich können sie einen riesigen Unterschied für deine Dialoge machen. Denn wenn du sie Stück für Stück anwendest, werden die Dialoge tiefer, deine Figuren werden in all ihrer Komplexität sichtbarer und authentischer, und du selbst lernst jede Menge über Kommunikation. Wir alle lesen Geschichten, um Menschen kennenzulernen – mit all ihren Schichten.

Im nächsten Dialog, der unter zwei jungen Frauen stattfindet, die beide Teil der Manson Family sind, wird sehr viel kommuniziert, während eher wenig gesagt wird. Es geht um eine Machtstruktur in einer für alle eigentlich komplett macht- und hoffnungslosen Situation.

> Ich sagte nichts. Ich konnte nicht. Ich fasste mir immer wieder an die Haarspitzen. Meine Haare waren kürzer – Jessamine hatte sie mir im Badezimmer geschnitten und dabei eine Anleitung in einer Zeitschrift zu Rate gezogen.

> »Du freust dich ja anscheinend, mich zu sehen«, sagte Suzanne. Lächelnd. Ich lächelte zurück, aber es war hohl. Das schien Suzanne indirekt zu gefallen. Meine Angst.[28]

---

[28] Cline, Emma: The Girls.

> Schreibe eine kurze Szene, in der zwei Figuren schweigend in einem Raum sind. Beschreibe, wie sie miteinander »sprechen«, obwohl sie nicht aktiv kommunizieren.

Paul Watzlawick hat fünf Axiome menschlicher Kommunikation entwickelt. Diese Axiome können dir dabei helfen, Dialoge noch besser und tiefer zu verstehen und authentischer anzulegen. Wenn du dir nur eins der Axiome merken kannst, dann denke immer daran: Man kann nicht nicht kommunizieren. Das bedeutet für deinen Roman: Sobald zwei Figuren gleichzeitig am selben Ort sind, kommunizieren sie miteinander, auch dann, wenn sie gerade nicht sprechen.

Schulz von Thuns 4 Seiten einer Nachricht

Als ich in meinem Bildungswissenschaften-Studium das 4-Seiten-Modell von Friedemann Schulz von Thun lernen musste, dachte ich: ›Das soll ein Modell sein? Das ist doch total banal.‹ Tatsächlich ist es bis heute das Modell aus meinen beiden abgeschlossenen Studiengängen, das ich am häufigsten verwende – gerade weil es so lebensnah[29] ist.

---

[29] Das meinte mein jüngeres, BWL-geprägtes Ich wahrscheinlich mit »banal«.

Das 4-Seiten-Modell trägt seine Erklärung ja fast schon im Namen. Es geht davon aus, dass jede Nachricht (im Sinne des Sender-Empfänger-Modells) vier Seiten hat – also vier Ebenen, auf denen sie etwas jeweils Unterschiedliches bedeuten kann. Du erinnerst dich an Watzlawicks 5 Axiome? Im zweiten sagt er, dass jede Kommunikation einen Inhalts- und einen Beziehungsaspekt hat. Das 4-Seiten-Modell untersucht das noch einmal genauer, denn drei der vier Seiten können wir dem Beziehungsaspekt zuordnen.

Die erste Seite entspricht in etwa dem Inhaltsaspekt bei Watzlawick: Es ist die *Sachaussage*. Jeder Satz, den wir zueinander sagen, hat so eine solche. »Heute ist es warm« übermittelt oberflächlich betrachtet eine Information zur Temperatur. Zusätzlich passiert aber noch ganz viel anderes, abhängig davon, zu wem und in welchem Zusammenhang ich diesen Satz sage. Denn in irgendeiner Beziehung stehe ich immer zum Empfänger meiner Nachricht.

Dass wir in Beziehung zueinander stehen, sorgt dafür, dass auch die anderen drei Seiten aus Schulz von Thuns Modell stets vertreten sind. Konkret sind das: eine *Ich-Aussage*, eine *Beziehungsaussage* und ein *Appell* (also eine Aufforderung). Im Beispiel »Ich bin warm« könnte die Ich-Aussage sein: »Ich freue mich über das schöne Wetter«, die

Beziehungsaussage: »Ich mag es, mit dir den Sommer zu verbringen« und der Appell: »Komm, lass uns einen Ausflug machen«.

Wirklich jede noch so einfache Aussage lässt sich in vier Seiten aufteilen. Du kannst das gerne mal bei dir selbst und deinem Umfeld beobachten und wirst allein durch diese kleine Übung jede Menge lernen.

Da Nachrichten viel komplexer sind, als sie auf den ersten Blick scheinen, und jede Menge Ungesagtes transportieren, gibt es immer viel Potenzial für Missverständnisse und Konflikte.

Nehmen wir mal an, wir treffen uns zum ersten Mal, und du möchtest mich zu einem Eis einladen (finde ich sehr nett von dir, denn ich mag Eis). Es könnte sein, dass ich dann etwas zu dir sage wie: »Nur, dass du's weißt: Ich bin Veganerin«, denn – nur, dass du's weißt: Ich bin Veganerin.

Auch in dieser kleinen Aussage stecken alle vier Ebenen:

1. Sachaussage: Das ist einfach, ich konsumiere keine tierischen Produkte.

2. Ich-Aussage: Natürlich sage ich hier etwas über mich. Vorwiegend über meine Ernährung bzw. meinen Lebensstil. Aber vielleicht auch

etwas darüber, dass ich jedes Lebewesen liebe und achte und nicht zu Leid beitragen möchte, wenn ich es vermeiden kann.

3. Beziehungsaussage: Mit meiner Aussage zeige ich dir, dass ich dir vertraue und dich ein Stück in meine Welt hineinlasse, denn ich erzähle längst nicht jedem, dass ich vegan lebe.

4. Appell: Eine Bitte versteckt sich natürlich auch in der Aussage. Ich wünsche mir, dass wir an einen Ort gehen, an dem ich auch ein leckeres Eis bekomme und dir nicht eislos zuschauen muss.

Ganz schön viel Inhalt in so wenigen Wörtern, oder?

Moment, jetzt kommt's. Denn das ist längst nicht alles. Eigentlich hat jede Nachricht sogar zweimal vier Seiten: Wir alle sprechen nämlich nicht nur mit vier »Schnäbeln«, sondern wir hören auch noch mit vier »Ohren«.

Im Idealfall ist das, was ich auf den einzelnen Ebenen sage, in etwa deckungsgleich mit dem, was du hörst. Ich könnte aber auch an jemanden geraten, der furchtbar schlechte Erfahrungen mit einer veganen Bekannten gemacht hat, die ihm jedes Mal – Achtung, Wortwitz – tierisch auf den Keks gegangen ist und ihm Vorwürfe gemacht hat.[30] Und diese Person hört jetzt auf der Sachebene noch die tatsächlich gemeinte Aussage. Aber danach ist Schluss mit Deckungsgleichheit.

Als Ich-Aussage empfängt sie: »Ich finde, vegan zu leben ist die einzig richtige Lebensweise, und alles andere lehne ich ab.«

Auf der Beziehungsebene steigert sich das zu: »Wenn du kein Veganer bist, will ich nichts mit dir zu tun haben.«

Als Appell hört dieser durch mich jetzt schon so gestresste Mensch etwas wie: »Bring mich in eine vegane Eisdiele« oder sogar: »Du solltest auch vegan leben.« Als Antwort erhalte ich dann vielleicht ein »Dann halt nicht« – und frage mich, was mit der Person denn nicht gestimmt hat.

Wir reden also leider völlig aneinander vorbei, ohne es zu merken. Kein Wunder, dass Menschen sich so oft streiten: Wir hören oft Dinge, die gar

---

[30] Erinnerst du dich an Watzlawicks 5. Axiom? Kommunikation findet immer in einem Kontext statt. Wir bringen immer unsere Erfahrungen mit in eine Gesprächssituation. Ich kann nicht wissen, was andere mit anderen veganen Menschen erlebt haben und trample vielleicht mitten in ein Fettnäpfchen.

nicht gesagt wurden – und doch sind sie für uns völlig real.

Was vielleicht erst mal ernüchternd klingt, ist eine tolle Chance: dafür, noch achtsamer zu kommunizieren und Missverständnisse zu vermeiden. Und natürlich für deine Dialoge, wo ständig auf allen Ebenen etwas passiert – und wo die Figuren oft auf ganz unterschiedlichen Planeten unterwegs sind.

Der nächste Dialog zeigt das: In einer nicht allzu entfernten Zukunft liegt das ganze Wissen der Welt bei der Künstlichen Intelligenz. Da es deren Aufgabe ist, sich so gut wie nur möglich um die Menschen zu kümmern, müssen letztere regelmäßig zu Schulungen antreten, die nur dem Zweck dienen, die Menschheit intellektuell nicht komplett verkümmern zu lassen. Der Protagonist kommt gerade von einer solchen Schulung, die er mit Ach und Krach und viel gutem Willen der androiden Dozentin hinter sich gebracht hat. Zu Hause erzählt er seinem Dienstroboter von seinem Tag. Und selbst zwischen Mensch und Maschine findet Kommunikation auf den vier verschiedenen Ebenen statt – wie die Hauptfigur zeigt, indem sie ihrem eigenen Roboter (vielleicht nicht mal ganz ungerechtfertigt) Arroganz unterstellt.

»Entropie. Ich weiß jetzt, was das ist.«
»Das freut mich, lieber Herr«, antwortete der Roboter.

[...]

»Glaubst du, du bist etwas Besseres, weil du mehr vom Universum verstehst?«, fuhr er den Roboter an.[31]

Bestimme in deinem Übungsdialog die vier Seiten einer zentralen Aussage. Und zwar sowohl für den Empfänger als auch für den Sender. Schreibe den Dialog ggfs. so um, dass die vier Seiten klarer werden.

Jede Nachricht hat vier Seiten, und das gleich zwei Mal: einmal auf der Seite der sendenden und einmal auf der Seite der empfangenden Person. Diese vier Seiten sind: Sachaussage, Ich-Botschaft, Beziehungsaussage und Appell. Deine Dialoge finden immer auch auf allen vier Ebenen statt, denn wir als Lesende hören automatisch alle vier Seiten mit. Wenn du wichtige Dialoge schreibst, die besondere Tiefe haben sollen, schau dir alle vier Seiten an.

---

[31] Kraus, Josef: Dieser Unfug. In: Die Zukunft ist ein Fremder: Science-Fiction-Erzählungen..

Verbale, paraverbale und nonverbale Kommunikation

Ich habe ja noch gar nicht so viel über meinen Hund Rocket geschrieben.[32] Das hole ich hier gerne nach. Manchmal nehme ich ihn wie gesagt mit in mein Büro. Wenn mein Mann im Homeoffice ist, kann Rocket selbst aussuchen, ob er mitkommen möchte. Wenn ihm der Sinn nach einem Nickerchen auf meinem Schreibtisch oder einem Cameo-Auftritt in meinen Workshops steht, zeigt er mir das sehr deutlich: Sobald ich mir die Schuhe anziehe, läuft er zur Leiste hin, an der sein Geschirr und seine Leine hängen, schaut mich an und zeigt mit der Schnauze auf die Leiste. Will er lieber im Garten spielen und sich nicht so weit von seinem Futternapf entfernen, setzt er sich unter den Esstisch.

Rocket kann nicht sprechen – aber er kommuniziert trotzdem mit mir. Nonverbal und paraverbal.

Wir kommunizieren nicht nur über Worte (verbal) miteinander, sondern auch über Körpersprache (nonverbal) und über unsere Stimme und Tonlage (paraverbal). Was wir sagen, wie wir es sagen und was wir dabei tun, spielt also zusammen und ergibt

---

[32] Wer zehn Minuten mit mir verbringt, weiß, dass er eins meiner Lieblingsthemen ist.

ein mehr oder weniger stimmiges Gesamtbild. Vielleicht hast du in dem Zusammenhang schon einmal von der Mehrabian-Regel gehört, wonach nur 7 % dessen, was in einer Kommunikationssituation verstanden wird, über Worte transportiert wird. Mehrabian hat zu diesem Thema in den 1960er Jahren zwei Studien durchgeführt, ist dann aber leider selbst missverstanden worden[33], weil er Situationen untersucht hat, in denen verbale und nonverbale Signale einander widersprachen, und die natürlich nicht mit ganz »normalen« Alltagssituationen vergleichbar sind. In solchen mit widersprüchlichen Signalen versehenen Situationen hören wir tatsächlich mehr darauf, *wie* etwas gesagt wird. Das bedeutet aber nicht, dass das *Was* überhaupt nicht bei uns ankommt.

Unabhängig davon, wie die prozentuale Verteilung tatsächlich ausfällt, zeigen die Studie und die Hartnäckigkeit, mit der die 7 % sich in der Diskussion halten, dass eben nicht nur Worte zählen – und dass uns das auch einleuchtet, weil wir es selbst so erleben.

In deinen Dialogen kannst du das auch nutzen. Spricht jemand schnell oder gedehnt? Fällt ihm das richtige Wort nicht ein? Ist die Figur aufgeregt, lacht sie, schreit sie oder zittert ihre Stimme? Läuft sie

---

[33] verflixte Kommunikation aber auch

dabei unruhig hin und her? All das lässt die eigentliche Aussage in einem anderen Licht erscheinen – wie auch im folgenden Beispiel, das in einer postapokalyptischen Welt spielt. Die Ressourcen sind knapp, ein geflüchtetes Kind aufzunehmen, wie die Hauptfigur das vorhat, kann das Dorf sich eigentlich nicht leisten. Deswegen sind die Regeln sehr streng. Die Geste, die der zuständige Beamte ausführt, kann Unterschiedliches bedeuten, und so steigert sich die Spannung in dieser kurzen Episode bis zur Auflösung, die er dann wieder durch eine Kombination aus einer Geste und gesprochene Worte gibt:

»Außerdem brauchen Sie die Zustimmung eines Stablitätsbeamten, der mindestens Dienstgrad fünf bekleidet. Von mir zum Beispiel.« Er fuhr sich mit der Zunge über die Vorderzähne. Alle Augen richteten sich auf Rafiq, der instinktiv spürte, dass seine Zukunft – sein Leben – auf dem Spiel stand. Mir fiel nichts anderes ein als ein einfaches »Bitte«.

Der Beamte zog eine Reißverschlussmappe aus der Jackentasche. »Ich habe selbst Kinder«, sagte er.[34]

---

[34] Mitchell, David: Die Knochenuhren.

Schau dir deinen Übungsdialog an. Nutzt du bereits nonverbale und paraverbale Kommunikation in der Szene? Falls ja, wie setzt du sie ein und welche Wirkung hat sie? Falls nein: Ergänze deinen Dialog um nonverbale und paraverbale Kommunikation.

Über verbale und nonverbale Kommunikation hast du bereits in den letzten Kapiteln etwas gelernt. Ein großer Teil der menschlichen Kommunikation läuft nonverbal und paraverbal ab – durch Blicke, Gesten, Geräusche, Bewegungen, die Betonung bestimmter Wörter, die Lautstärke beim Sprechen. Beim Schreiben vergessen das leider viele und vertun damit die Chance, ihre Geschichten noch authentischer zu machen. Zum Glück wird dir das in Zukunft nicht passieren – schließlich weißt du spätestens jetzt, wie wichtig alle Arten der Kommunikation sind.

Subtext und Missverständnisse

Vor ein paar Jahren sprach ich mit einer Kundin über das gewünschte Format ihres Buchs und erklärte ihr, dass sie einfach ein Buch, das ihr gut gefällt, nehmen und ausmessen kann. Das tat sie und schickte mir die Maße zu, mit denen ich ihr Buch formatierte und zurückschickte. Leider gefiel ihr das Ergebnis überhaupt nicht, und erst nach einem längeren

Mailwechsel stellten wir fest, dass wir unterschiedliche Dinge gemessen hatten: ich das Format des Buchs, sie die Fläche des Texts im Buch. Ein klassisches Missverständnis.

Missverständnisse sind perfekte Quellen für Konflikte – wahrscheinlich erinnerst du dich auch an den ein oder anderen Konflikt, der einfach auf einer unterschiedlichen Wahrnehmung entsteht. Wenn du an die vier Seiten einer Nachricht zurückdenkst, stellst du fest, wie Missverständnisse entstehen können: ein Schnabel und ein Ohr auf einer der Seiten passen nicht zusammen. Die Sachaussage ist meist weniger anfällig für Missverständnisse und normalerweise lässt sich das klären – wie in meinem Beispiel oben, wo ein Missverständnis auf genau dieser Ebene vorlag: Wir hatten ein unterschiedliches Verständnis von »Buch ausmessen«.

Die schwierigeren Missverständnisse finden auf der Beziehungsebene statt. Vielleicht höre ich einen Appell, den mein Gegenüber nicht gegeben hat. Oder ich interpretiere die Beziehungsaussage anders, als es gemeint war. Das »Ich bin Veganerin«-Beispiel aus dem Kapitel *Schulz von Thuns 4 Seiten einer Nachricht* zeigt, wie auf allen Seiten der Beziehungsebene Missverständnisse entstehen können.

Manchmal ist uns nicht bewusst, welche Informationen wir übermitteln – in Form von Subtext. Subtext ist etwas, was gemeint, aber nicht gesagt wird. Wenn ich zum Beispiel sage: »Das ist aber ein großes Auto«, meine ich vielleicht »zu groß«, ohne es zu sagen. Oder ich meine es nicht, aber meine Gesprächspartnerin nimmt es so wahr (weil sie vielleicht selbst denkt, dass ihr Auto etwas zu groß für sie ist).

Missverständnisse und Subtext führen regelmäßig zu Konflikten. Das kannst du für deine Dialoge nutzen, denn durch Konflikte werden sie spannender. Und du kannst den Charakter deiner Figuren so besser herausarbeiten, wenn du zeigst, auf welche Aussagen sie wie reagieren. Im folgenden Beispiel scheint die Hauptfigur selbst ein Problem damit zu haben, dass sie immer noch in einer Telenovela mitspielt – sonst würde sie das nicht so betonen. Sie hört eine Kritik, die zwar so ähnlich, aber nicht genauso gemeint war. Und offenbart, was wirklich in ihr vorgeht.

> »Frau Pahlen, Sie sind seit letzter Woche 30 Jahre alt. Wird es nicht Zeit, bei AuA aufzuhören?«
> »Warum? Glauben Sie, dass man mit 30 für Telenovelas zu alt ist?«
> »Für Telenovelas nicht, aber vielleicht für die erste richtige Spielfilmrolle.«[35]

---

[35] Zeh, Juli: Nullzeit.

Schreibe einen neuen Dialog, in dem ein Missverständnis eine Rolle spielt. Lasse dein Wissen zu Kommunikation einfließen. Auf welcher der vier Ebenen aus dem 4-Seiten-Modell findet das Missverständnis statt?

Es wäre so schön, wenn wir einfach sagen würden, was wir meinen. Oft tun wir das nicht – manchmal, weil wir es nicht wollen, noch häufiger, weil wir zu ungenau sind oder gar nicht wissen, wie unsere Worte bei anderen ankommen. Das führt zum einen dazu, dass in vielen Gesprächen eine unausgesprochene Ebene mitschwingt (Subtext), zum anderen kommt es oft zu Missverständnissen. Beides kannst du wunderbar in deinen Dialogen einsetzen, denn genau diese Schwierigkeiten sind es, die deine Dialoge echt und lebensnah wirken lassen.

Wie sie sagen, was sie sagen: Die Sprache deiner Figuren

Charakterisierung durch Sprache

»Ich hatte mal eine Freundin, die sprach genau wie du – die kam auch aus der Eifel!«

Meine neue Mitarbeiterin wollte einfach nur eine Beobachtung teilen – und hatte einen wunden Punkt getroffen. Oft merken wir selbst gar nicht, wie viel unsere Sprache über uns verrät.

Das gilt auch für deine Figuren. Denn auch, wenn wir dieselbe Sprache sprechen, sprechen wir sie alle auf unterschiedliche Weise. Wie in meinem Beispiel eben kann das auf die Region zurückzuführen sein, aus der wir kommen. Aber auch andere Eigenschaften haben Einfluss darauf, wie wir sprechen, zum Beispiel unsere soziale Herkunft, unsere Bildung, unser Beruf, unser Alter.

Du kannst diese Eigenschaften in der Sprache deiner Figuren zeigen, zum Beispiel die junge Programmiererin mit technischen Abkürzungen um sich werfen lassen, den betagten Schauspieler dramatisch intonieren, den Teenager die neuesten Modewörter aneinanderreihen lassen.

Das solltest du aber nur dann tun, wenn diese Eigenschaft für deine Figur und ihre Persönlichkeit wirklich wichtig ist. Hat es einen Einfluss auf ihr Verhalten, dass sie noch sehr jung oder schon ziemlich alt, Journalist oder Ärztin, aus Berlin oder einem bayerischen Dorf ist? Wenn ja, darf und sollte man das ruhig an der Sprache erkennen können, denn so werden die Handlungen deiner Figuren auf dezente und für Leser*innen oft unbewusste Weise in einen Kontext gesetzt.

Eine bestimmte Art der Sprache zu nutzen, ist oft eine Wahl, auch deiner Figuren. Sie gehören nicht nur zu einer Gruppe, sondern wollen auch als Teil dieser Gruppe erkannt werden. Hier ist es ein bisschen wie mit Muskatnuss: wenig reicht für die Würze, wenn's zu viel ist, kann's einem davon übel werden. Deswegen solltest du dich bei der individuellen Sprache auf wenige Aspekte fokussieren. Picke dir ein bis zwei Wörter heraus, die typisch für Alter, Beruf oder Herkunft deiner Figur sein können, und streue sie regelmäßig ein. Schau dir außerdem den Satzbau an. Welche Art von Sätzen, welche grammatikalischen Besonderheiten würde deine Figur nutzen?

Wolfgang Herrndorf hat das dezent und doch auf den ersten Blick erkennbar in seinem Roman *tschick* gemacht. Die jugendliche Hauptfigur nutzt das Adjektiv *logisch* konsequent als Adverb (siehe das Beispiel im Kapitel *Natürliche Sprechweise und Alltagssprache*);

außerdem verwenden alle Jugendlichen verkürzte Sätze. Der Schweizer Firmenerbe Preising dagegen zeigt im folgenden Beispiel durch seine Wortwahl und seinen Satzbau, wie kulturell bewandert er ist:

»Aber Pippa, vergessen Sie nicht, dieses Gedicht, es reicht weit zurück, zurück in die Geschichte, in die Geschichte vieler Generationen, und es weist voraus, auf zukünftige Generationen. Es reflektiert«, ließ er sich von seinen eigenen Worten mitreißen, »die große Kette der Wesen. Ihr Sohn, er wird selbst eines Tages Vater sein, und dann wird er sich Ihrer Worte erinnern. Dieses Gedicht, es ist wichtig. Pippa, rezitieren Sie es heute Abend.« Sie warf ihm einen zweifelnden Seitenblick zu. »Meinen Sie wirklich? Ich werde mich damit lächerlich machen.«[36]

Schreibe einen Dialog, bei der eine der Figuren eine klar erkennbare Sprache hat, – zum Beispiel Jugendsprache, beruflichen Jargon, regionalen Dialekt. Schreibe zunächst sehr übertrieben und kürze dann die individuelle Sprachfärbung so weit herunter, dass sie gerade noch erkennbar ist.

---

[36] Lüscher, Jonas: Frühling der Barbaren.

Unsere Liebsten erkennen wir an der Sprache – zum Beispiel am Dialekt, aber auch an besonders häufig verwendeten Wörtern und Redewendungen. Auch deine Figuren haben eine ganz eigene Sprache, die du ausarbeiten kannst. Je nach Beruf, Herkunft, Alter … nutzen deine Figuren eine andere Sprache. Wichtig ist, dass du es hiermit nicht übertreibst, damit zum Beispiel Jugendsprache nicht aufgesetzt oder überzogen klingt.

Emotionen in Dialogen

»Dann brauch ich das auch gar nicht mehr zu veröffentlichen.«

Eine liebe Freundin von mir haderte damit, dass sie ihren selbstgesteckten Veröffentlichungstermin um eine Woche reißen würde.[37] Und sie war – wie du aus der Zeile erkennst – offensichtlich enttäuscht und frustriert.

Wenn wir miteinander sprechen, zeigen wir einander unsere Gefühle – bewusst und unbewusst. Durch die Wortwahl, durch Betonung, durch unsere Körpersprache. Durch das, was wir sagen, und das, was wir weglassen. Das kannst du wunderbar

---

[37] Profi-Tipp von mir: Jedes Buch dauert länger als gedacht. Also nicht ärgern, wenn es bei dir auch so ist.

nutzen, um deinen Figuren noch mehr Emotion einzuhauchen. Dazu reicht es schon (fast), dich zu fragen, was deine Figuren wohl gerade fühlen, wenn sie sich im Gespräch befinden. Und wie sie diese Gefühle zum Ausdruck bringen bzw. wie die Emotionen den Ausgang des Gesprächs verändern. Denn eins ist klar: Wir fühlen alle immer etwas.

Denke dabei auch an die Körpersprache. Eine gute Übung ist es, sich einen keinen Emotionskatalog zuzulegen und dir zu überlegen, wie sich jede der Emotionen in einem Dialog zeigen würde. Denke dabei an verbale, nonverbale und paraverbale Kommunikation.

Zuneigung zeigt sich vielleicht durch eine sanftere Wortwahl, durch eine bildhafte, blumige Sprache, durch einen inhaltlichen Bezug auf Positives. Vielleicht spricht dein verliebter Protagonist von den ersten Frühlingssonnenstrahlen oder von einer Katze, die er am Morgen beobachtet hat. Das tut er sicher mit einer ruhigen Stimme, und er spricht die Worte langsam und betont aus. Dabei streicht er sich vielleicht immer wieder selbst durchs Haar oder berührt unbewusst seine linke Hand mit der rechten. Bei einer anderen Figur kann dieselbe Emotion sich ganz anders zeigen – und wieder hast du deine Figuren genauer charakterisiert und einzigartig lebensecht werden lassen.

All diese Zeichen können in deinen Dialog einfließen, ohne dass die Emotion benannt wird. Deine Leser*innen werden sie trotzdem erkennen – und sich fragen, wie das Gespräch sich entwickeln wird.

Manche Emotionen werden nie ausgesprochen und trotzdem erkannt, wie im folgenden Beispiel:

> »Er hat mich geliebt«, sagt sie. »Er hat mich immer so angeguckt, wenn ich in den Hof kam.«[38]

Schreibe einen Dialog, in dem du die Gefühle der Figuren einfließen lässt. Achte nicht nur darauf, was sie sagen, sondern auch darauf, wie sie es sagen.

Wir zeigen unsere Emotionen durch unsere Körpersprache und durch das, was wir sagen (und wie wir es sagen). Deine Dialoge sind also ein hervorragender Ort, um Emotionen zu zeigen. Versuche am besten, Emotionen indirekt zu zeigen, und denke dabei an die Kapitel zur Kommunikation.

Natürliche Sprechweise und Alltagssprache

Anfang der 2000er Jahre wollte ich eine neue Grafikkarte für meinen Computer kaufen. Ich habe keine Ahnung von Grafikkarten, hatte aber damals

---

[38] Bronsky, Alina: Baba Dunjas letzte Liebe.

die fixe Idee, zumindest so wirken zu wollen. Also lernte ich exakt auswendig, was ich kaufen wollte, ging in den Laden bei uns um die Ecke und sagte etwas wie:

»Ich möchte gerne die Majestix 4500 mit Megaport und XKL-Schnittstelle kaufen. Bitte geben Sie mir das Exemplar für einen Robospot 1200.«[39]

Der Verkäufer antwortete: »Haben wir gerade nicht da. Willst du stattdessen die 4700er?«

Wusste ich natürlich nicht, dann ich hatte wie gesagt keine Ahnung von Grafikkarten. Weswegen ich antwortete: »Öh, da muss ich mal fragen.«

Wenn wir authentisch sind, das sagen, was gerade in unserem Kopf ist, hören wir uns anders an. Das können wir erkennen. Bei anderen Menschen, bei uns selbst und auch bei Roman-Figuren. Der allererste Schreibkurs, den ich aufgenommen habe, hört sich an, als würde ich vom Blatt lesen. Sage nicht ich, sondern diverse Teilnehmende. Das liegt daran, dass ich ihn vom Blatt gelesen habe – damals konnte ich noch nicht frei meine Inhalte vortragen.

---

[39] Wahrscheinlich habe ich nicht EXAKT das gesagt, aber das ist 20 Jahre her, und es hörte sich in meinem Kopf auf jeden Fall so an.

Tatsächlich wissen wir sofort, ob jemand etwas abliest, selbst dann, wenn diese Person geübter darin ist, als ich es damals war. Die Sprache hört sich einfach anders an – zu perfekt, um gesprochen zu sein.

Wenn deine Figuren »wie gedruckt« reden, werden deine Dialoge unglaubwürdig. Und – um ehrlich zu sein – wahrscheinlich auch ein bisschen langweilig. Wir wollen lebensnahe Gespräche lesen, in die wir uns hineingezogen fühlen, keine Theater-Monologe, für die wir uns konzentrieren müssen.

Wie bei der individuellen Sprache ist es auch hier wichtig, es nicht zu übertreiben. Die meisten von uns sagen schon mal »Äh« oder »Ähm«, wir verhaspeln uns, nutzen ein falsches Wort oder lassen Sätze unbeendet in der Luft hängen. »schon mal« ist hier der wichtige Faktor – denn genauso oft sollten deine Figuren es machen. (Und nicht so häufig, wie wir es in Wahrheit tun.)

Zur Inspiration hier ein paar Dinge, die dein Deutschlehrer dir angestrichen hätte, die du gerade in Dialogen aber verwenden darfst (und manchmal solltest):

- Umgangssprache (Wortwahl, direktere Sprechweise, »der« statt »er«),

- Wortwiederholungen (»Das ist so, so gemein!«),

- Füllwörter (halt, ziemlich, mal, …),

- unvollständige Sätze,

- Dialekt,

- Pausen (zum Beispiel geschrieben als »...«),

- Wortverkürzungen / Kontraktionen (»isso«),

- verdrehte Syntax (im Beispiel unten »hat die voll gestunken« statt »die hat voll gestunken«)

Streue diese kleinen Unperfektheiten gezielt in deine Dialoge ein. Weniger ist dabei mehr, aber gar nichts ist zu wenig. Kombiniere sie mit der individuellen Sprache: Die Germanistik-Professorien achtet vielleicht besonders auf exakte Sprechweise – das darfst du dann auch gerne überzeichnen. Tschick und Maik im folgenden Beispiel fühlen sich dagegen deutlich cooler, wenn sie die Sprache verkürzen oder sogar verbiegen:

> »Das mit dem Stinken hättest du nicht sagen müssen.«
> »Irgendwas musste ich ja sagen. Und Alter, hat die voll gestunken! Die wohnt garantiert auf der Müllkippe da. Asi.«
> »Aber schön gesungen hat sie«, sagte ich nach einer Weile. »Und logisch wohnt die nicht auf der Müllkippe.«[40]

---

[40] Herrndorf, Wolfgang: tschick.

> Schaue dir deine letzten Übungsdialoge noch ein-
> mal an. Sprechen die Figuren authentisch? Das
> lässt sich ganz leicht prüfen, indem du die Texte
> laut vorliest. Überarbeite sie ggfs. noch einmal, da-
> mit der Text natürlicher klingt.

Wir alle sprechen anders, als wir schreiben. Wir kür-
zen ab, wiederholen uns, sprechen ungenau, nutzen
jede Menge Füllwörter. Im Dialog darf sich all das
auch wiederfinden. Es reicht aber, wenn du es wie
ein starkes Gewürz dezent einsetzt. Denn ein Transkript unserer echten Dialoge würde sich nicht authentisch, sondern oft nur wirr lesen.

Schlagfertigkeit

Ich habe in meiner Familie den Ruf, ziemlich schlagfertig zu sein. Tatsächlich fallen mir immer schnell
witzige Antworten ein. Das kommt wahrscheinlich
von meiner Leidenschaft für Dialoge, denn Schlagfertigkeit lässt sich trainieren. Und gute Dialoge
sind – wenn die Situation es hergibt – schlagfertig.

Aber was genau ist eigentlich Schlagfertigkeit?

Schlagfertigkeit ist die Kunst, einen verbalen Angriff humorvoll abzuwehren und eventuell zurückzuspielen. Ganz einfach ausgedrückt ist das Ziel

der Schlagfertigkeit, das letzte Wort zu behalten – weil der andere über die Antwort erstaunt ist.

Wenn dein Kollege dich beim Verlassen des Büros um 15 Uhr fragt, ob du dir einen halben Tag freigenommen hast (verbaler Angriff), und du antwortest, dass ihn das nichts angeht, er gefälligst die Klappe halten und sich um seinen eigenen Kram kümmern soll, ist das *nicht* schlagfertig – denn du wehrst dich zwar, aber konterst nicht. Vielleicht behältst du das letzte Wort, aber der Kollege weiß, dass er dich getroffen hat. Und wenn er gemein ist, fragt er am nächsten Tag dasselbe noch mal.

Wenn du dagegen sagst, dass du einfach doppelt so schnell arbeitest wie der Durchschnitt, ist das zwar nicht besonders originell, aber es lenkt den ursprünglichen Angriff mit einem Augenzwinkern auf den Angreifenden zurück. Und ist somit schlagfertig.

Es gibt verschiedene Arten, schlagfertig zu sein. Und nicht immer muss es sich dabei um wirkliche »Angriffe« handeln. Manchmal fliegt auch in einem Gespräch zwischen Freund*innen der verbale Ping-pong-Ball hin und her. Welche Art der Schlagfertigkeit deine Figur wählt, lässt Rückschlüsse auf ihre Persönlichkeit ziehen. Du kannst hier also ruhig kreativ werden und jede Figur ihre eigene Form von Schlagfertigkeit entwickeln lassen.

Wir können schlagfertig sein durch:

- Umkehrung (»Nein, ich bin gerade erst ange-kommen«),

- einen direkten Gegenangriff (»Richtig, das könntest du auch, wenn du schneller arbeiten würdest«)

- eine (pop-)kulturelle Referenz (»Der frühe Vo-gel muss auch mal nach Hause«)

- Selbstironie (»Ich dachte, es fällt eh keinem auf, wenn ich nicht hier bin«)

- Wortspiele (»Halb, halb, ich bin schon halb durch die Tür«)

- Übertreibung (»Klar, ich hab sogar die ganze Woche frei!«)

- absichtliches Missverstehen (»15 Uhr ist doch nicht der halbe Tag«)

- Absurdität (»Ja, ich muss noch mein Batmobil aus der Werkstatt holen«)

Welche Art der Schlagfertigkeit jemand wählt, zeigt etwas über die Person: Für eine besonders absurde Antwort braucht man oft mehr Selbstbewusstsein als für eine Übertreibung.

Im echten Leben sind wir oft nicht so schlagfertig, wie wir sein wollen, weil uns ein wichtiger Punkt in die Quere kommt: die Zeit. Schlagfertig ist nämlich nur, wer die Antwort sofort parat hat und nicht erst nach Hause läuft, um dann mit dem perfekten Konter anzurufen.

Deswegen sind Figuren in Büchern und Filmen deutlich schlagfertiger als wir echte Menschen: Du darfst für sie nämlich stunden- oder sogar tagelang über die perfekte Antwort nachdenken, die sie dann im Dialog einfach aus dem Hut ziehen können. Und das lohnt sich: Deine Figuren können sich durch Schlagfertigkeit gegen vermeintlich Stärkere durchsetzen, schwierigere Situationen meistern und auch mal einer unangenehmen Frage ausweichen, wie im folgenden Beispiel die Frage einer Journalistin nach einer politischen Neuausrichtung, die so gar nicht zu den Wahlversprechen passen will, die die Partei an die Regierung gebracht haben:

>Meine Frage lautet: Wie ist das mit der Friedenspolitik Ihrer Partei vereinbar, wo werden Sie die Grenze ziehen, wer verdient an den Waffenlieferungen, und wo ist die Bundeskanzlerin?«
»Oh, das waren ja gleich vier Fragen. Ich habe mir leider nur die letzte gemerkt. Die

Bundeskanzlerin schont sich heute. Die nächste Frage bitte.«[41]

> Schreibe einen Dialog, in dem eine Schülerin ihre Hausaufgaben vergessen hat und sehr schlagfertig auf die Fragen des Lehrers reagiert. Schreibe den Dialog mehrfach um – lasse ihn zwischendurch ein bisschen liegen, bis dir eine noch schlagfertigere Antwort einfällt. Du wirst sehen: Eigentlich braucht Schlagfertigkeit Zeit, was sie umso beeindruckender macht.

Schlagfertigkeit ist die Fähigkeit, verbale Angriffe ohne großen zeitlichen Abstand zurückzuspielen. Dafür gibt es verschiedene Techniken, wie das bewusste Falschverstehen, Wortspiele, (pop-) kulturelle Referenzen. Wir selbst sind oft nicht annähernd so schlagfertig, wie wir uns das wünschen. Da unsere Figuren aber mehr Zeit zum Überlegen haben, haben sie im Idealfall immer die besten Antworten parat.

---

[41] Kraus, Yvonne, Orange. In: Die Zukunft ist ein Fremder : Science-Fiction-Erzählungen. Hamburg: tredition, 2024.

Besser geht immer: Überarbeitung von Dialogen

Facebook weiß genau, was ich mag. Deswegen bekomme ich häufig Videos angezeigt, in denen Menschen Dinge verschönern: eine Torte verzieren, einen Apfel zeichnen, egal, was. Der letzte Feinschliff macht aus etwas Gutem etwas Einzigartiges – und nicht nur ich mag das.

Du hast an dieser Stelle alles gelernt, was du wissen musst, um richtig gute Dialoge zu schreiben. Eine Sache aber kannst du nicht lernen, sondern du musst sie üben: das Überarbeiten. Denn auch deinen Dialogen merkt man an, ob sie in der Rohfassung steckengeblieben sind oder ob du an ihnen gefeilt hast. Der Rohentwurf eines Dialogs ist oft genau das: roh und unfertig. Das ist in Ordnung, zunächst mal sollen ja die Gedanken aufs Papier. Danach geht's dann erst recht ans Eingemachte.

Wenn du deine Dialoge überarbeitest, kannst du dich an den Kapiteln dieses Buchs orientieren. Hier sind ein paar Fragen, die du dabei prüfen kannst.

1.   Schau dir die Form deiner Dialoge an. Ist klar, wer spricht? Brauchst du alle inquit-Formeln, oder kannst du manche streichen? Nutzt du Gedanken und Regieanweisungen?

2. Welche Intention verfolgen deine Figuren im Dialog? Ist die Absicht hinter der Absicht – also ihr ganz großes Ziel – erkennbar?

3. Kommunizieren deine Figuren nur verbal oder auch paraverbal und nonverbal?

4. Was passiert auf der Sachebene und was auf der Beziehungsebene?

5. Nutzt du Subtext? Gibt es Missverständnisse und Konflikte?

6. Wie sprechen deine Figuren? Haben alle wichtigen Figuren ihren eigenen Sprachstil, der nicht überzogen und dennoch erkennbar ist?

7. Zeigen deine Figuren Emotionen in den Dialogen? Gibt es einen Schuss Humor?

8. Sprechen deine Figuren wie echte Menschen, oder scheint es, als würden sie ihre Texte vom Blatt lesen?

9. Sind deine Figuren an den wichtigen Stellen schlagfertig?

10. Wie hört sich der Dialog an? Lies ihn am besten laut vor, um deine Figuren sprechen zu hören.

Diese Checkliste hilft dir dabei, deine Dialoge abzuklopfen und mögliche Schwachstellen zu finden.

Auch hier ist Augenmaß wichtig: Nicht jeder Dialog in deinem Roman ist gleich wichtig und braucht dieselbe Aufmerksamkeit. Wenn du ein besseres Gespür für Dialoge entwickeln willst, bietet es sich an, besonders gelungene Dialoge aus deinen Lieblingsbüchern mit der obigen Liste durchzugehen und zu prüfen. So siehst du, wie andere Schreibende vorgehen und welche Wirkung das auf dich hat.

Schnappe dir all deine Übungsdialoge und überarbeite sie gründlich. Vergiss nicht, sie laut vorzulesen, um den Sprachfluss zu prüfen.

Dialoge sind nie nach dem ersten Entwurf fertig. Meist kannst du etliche Zeilen daraus löschen, um ihn knackiger und spannender zu machen. Vor allem auf lange Erklärungen kannst du verzichten – du darfst deinen Leser*innen ruhig zutrauen, dass sie sich in deinen Dialogen auch ohne Wegweiser zurechtfinden werden.

Die richtige Zeichensetzung im Dialog

»Ich liebe deinen WLAN-Vergleich!« Das schrieb eine sehr liebe Kundin von mir in einem Webinar in den Chat – als ich sagte, dass ein guter Buchsatz wie WLAN ist.

Tatsächlich habe ich noch mehr WLAN-Vergleiche auf Lager. Die richtige Zeichensetzung ist nämlich auch wie WLAN. Solange sie da ist, bemerken wir sie gar nicht. Wir nehmen sie als selbstverständlich hin. Aber wenn sie auch nur ein bisschen von der Norm abweicht, fällt sie uns auf und nervt.

Im Dialog ist die Zeichensetzung besonders tricky, weil wir uns ja – wie du nach der Lektüre dieses Buchs längst weißt – auf zwei unterschiedlichen Ebenen befinden: Der Ebene der Erzählung und der Ebene des gesprochenen Worts innerhalb der Erzählung.

Wenn du die Regeln einmal verstanden hast, wird dir die Zeichensetzung in Zukunft sehr leichtfallen. Ich habe dir hier alle Regeln zur Zeichensetzung in Dialogen zusammengetragen. Im Bonus-Bereich zum Buch (leichtschreiben.de/reihe-praxiswissen/) findest du außerdem einen Spickzettel, in dem sie noch einmal kompakt aufgeführt sind.

Drucke dir den Spickzettel aus der Ressourcenbibliothek aus, oder speichere ihn auf deinem Rechner ab, damit du ab jetzt immer weißt, wie du die Zeichen richtig setzt.

Wir fangen an mit einem kurzen Überblick über die Satzzeichen, die du normalerweise verwendest. Es gibt eine ganze Reihe verschiedener Satzzeichen, die sich in fünf Kategorien einteilen lassen:

- Satzzeichen, die Sätze/Teilsätze voneinander trennen:
  Punkt .
  Ausrufezeichen !
  Fragezeichen ?
  Komma ,
  Semikolon ;
  Doppelpunkt :
  Gedankenstrich –

- Satzzeichen für Texteinschübe:
  Klammern ( ) oder [ ]
  Gedankenstrich –

- Bindestrich - (verbindet Wörter miteinander)

- Zeichen für wörtliche Rede:
  Anführungszeichen » «
  halbe Anführungszeichen › ‹

- Auslassungszeichen:
  Apostroph '
  Auslassungspunkte …

Nutzt du diese Satzzeichen alle regelmäßig? Allein das kann deine Texte lebendiger machen, weil diese verschiedenen Satzzeichen auch unterschiedliche Zwecke unserer Sprache abdecken – je mehr du auf Satzzeichen neben Punkt und Komma zurückgreifst, desto vielfältiger werden deine Texte. Aber unser Fokus liegt ja hier auf Dialogen, und damit auf der wörtlichen Rede.

Die Zeichensetzung in Dialogen folgt klaren Regeln, die viele ganz unbewusst falsch anwenden. Zunächst mal – und das macht es etwas leichter – gelten innerhalb der wörtlichen Rede, also zwischen den Anführungszeichen, die ganz normalen Zeichensetzungsregeln. Am Ende eines Satzes kommt ein Punkt (zu einer wichtigen Ausnahme kommen wir gleich), die Kommasetzungsregeln gelten so wie überall auch, du kannst auch Klammern und Gedankenstriche setzen.

Kniffelig wird's erst beim Übergang zwischen wörtlicher Rede und Begleitsatz (zum Beispiel inquit-Formel). Hier kommt es darauf an, wo der Satz steht.

Der einfachste Fall: Der Begleitsatz steht vor der wörtlichen Rede. Dann setzt du einfach einen Doppelpunkt hinter den Begleitsatz. Der Rest bleibt wie gehabt.

Sie sagte: »Schau mal, was Leo macht!«

Steht der Begleitsatz hinter der wörtlichen Rede, wird er durch ein Komma hinter dem schließenden Anführungszeichen abgetrennt. Außerdem hat der Begleitsatz dann Auswirkungen auf die Zeichensetzung innerhalb der wörtlichen Rede, denn: Ans Ende kommt kein Punkt mehr. Fragezeichen und Ausrufezeichen bleiben jedoch stehen. Zu kompliziert? Dann schau dir einfach mein Beispiel an:

»Es ist schon spät«, sagte sie.
»Heißt das, du willst schon gehen?«, fragte er.
»Jetzt frag doch nicht so doof!« rief sie.

Der Begleitsatz kann auch eingeschoben sein. Dann wird er vorne und hinten durch ein Komma abgetrennt. Die anderen Regeln bleiben bestehen. Das sieht dann so aus:

»Ach, komm«, sagte Matilda, »das glaubst du doch wohl selbst nicht.«

Wahrscheinlich kennst du auch die Variante, dass eine inquit-Formel eingeschoben ist und mit einem

Punkt endet. Das ist dann ein nachgestellter Begleitsatz, auf den eine wörtliche Rede ohne Begleitsatz
folgt, hier gibt es also keine zusätzliche Regel. Dafür
aber ein Beispiel, weil die Regeln sonst ganz schön
kompliziert sind.

>Es ist immer dasselbe«, motzte Lukas.
>Schon wieder kommt der Zug zu spät.«

Tatsächlich war's das schon mit der Zeichensetzung im Dialog. Es gibt aber noch eine weitere Sache, die du beachten kannst, wenn du es deinen
Leser*innen leichter machen möchtest. Sie betrifft
die Formatierung von Dialogen.[42] Fange einfach immer einen neuen Absatz an, wenn eine neue Figur
spricht. Das macht es so viel leichter, einem Dialog
zu folgen, auch ohne inquit-Formeln.

Wie viel Dialog braucht ein Roman?

Eins meiner Lieblingsbücher ist *Cyrano von Ber-
gerac*. Ich könnte nicht mal so genau sagen, was
ich daran gut finde. Ich verbinde damit vor allem die
Phase meines Lebens, in der ich es für mich

---

[42] Es ist keine feste Regel, an die du dich halten *musst*,
und viele Autor*innen und Verlage setzen das nicht um.
ABER: Es ist ein kleiner Kniff, der deine Dialoge viel über-
sichtlicher und leichter lesbar macht.

entdeckt habe. Und natürlich ist das Buch ein Drama – also purer Dialog und Regieanweisungen.

Das ist das eine Extrem – ein Buch nur aus Dialogen. Wenn es dazu gedacht ist, auf Bühnen aufgeführt zu werden, spricht man von einem Drama. Aber auch als Roman ist etwas Ähnliches vorstellbar.[43] Ein Richtig oder Falsch gibt es hier nicht – am Ende ist es Geschmackssache. In Autor*innenkreisen geht das Gerücht um, dass ein zu hoher Dialog-Anteil amateurhaft wirkt. Das lässt sich grundsätzlich so nicht sagen, denn es kommt mehr auf die Qualität als auf die Quantität der Dialoge an. Wenn deine Dialoge gut geschrieben sind, werden sie auch gerne gelesen.

> Setz dir ab jetzt beim Lesen hin und wieder deine Autor*innenbrille auf. Schau dir an, wie hoch der Dialog-Anteil in den Romanen und Kurzgeschichten ist, die du selbst gerne liest.

Es gibt keine »perfekte Menge« an Dialogen in deinem Roman. Guter Dialog ist spannend, witzig, unterhaltsam, daher kann es davon nicht zu viel

---

[43] Für manche bestehen Briefromane ausschließlich aus Dialogen. Ein Dialog ist jedoch gerade dadurch gekennzeichnet, dass zwei zur selben Zeit miteinander sprechen, daher würde ich sie nicht dazuzahlen.

geben. Eigentlich. Denn wenn Dialog unnötig ist, zäh, langweilig, ist jede Zeile zu viel. Zum Glück wird dir das nicht mehr passieren.

Dialoge trainieren

Anfang 2024 habe ich mit dem Lauftraining begonnen. Im Intervalltraining. Eine Minute laufen, eine Minute gehen. Das war anstrengend, weil ich vorher gar keinen Sport gemacht hatte. Ich konnte mir kaum vorstellen, wie ich mal längere Strecken laufen würde. Doch nur wenige Wochen später konnte ich mehrere Kilometer am Stück laufen. Heute laufe ich regelmäßig.

Alles, was wir können, haben wir trainiert. Vielleicht sind wir in manchen Dingen talentierter, und sie fallen uns leichter. Um zu wirklicher Meisterschaft zu gelangen, müssen wir jedoch üben. Auch und gerade die Dinge, für die wir schon Talent und Begeisterung mitbringen.

Wenn du richtig, richtig, RICHTIG gute Dialoge schreiben willst, braucht das Übung. Ein bisschen Übung hast du schon durch dieses Buch bekommen. Aber natürlich reicht das nicht, um überdurchschnittlich gut zu werden. Sonst würde ich heute noch eine Minute im Wechsel laufen und gehen.

Eine gute Übung ist es, Dialoge zu analysieren – in Büchern, Filmen, im Theater oder Fernsehen und auch im echten Leben. Dieses Buch bietet dir eine Menge Hintergrundwissen, sodass du von nun an leichter einordnen kannst, was in Gesprächen und Dialogen unter der Oberfläche passiert.

Wenn du magst, transkribiere Dialoge aus besonders dialoglastigen Filmen oder Serien, und zwar nicht nur die gesprochenen Worte, sondern auch das, was du beobachten kannst. Das schult deinen Blick für die verschiedenen Ebenen, auf denen Kommunikation stattfindet – und du kannst dieses Wissen später ganz leicht in deinen Romanen und Kurzgeschichten anwenden.

Daneben brauchst du natürlich Routine beim Schreiben deiner eigenen Dialoge. Genau dafür ist die letzte Übung dieses Buchs gedacht:

Lege dir eine Routine an, mit der du Dialoge übst. Schreibe zum Beispiel jeden Tag eine kleine Dialogszene in ein Journal. Aus diesen Dialogen entwickeln sich später vielleicht Kurzgeschichten oder ganze Romane.

Wenn du gute Dialoge schreiben willst, solltest du dein Dialog-Ohr schulen. Achte daher beim Lesen verstärkt auf Dialoge, schau dir Filme und Serien mit guten Dialogen an und höre anderen Menschen beim Sprechen zu. So trainierst du deinen Dialog-Muskel und außerdem deine Beobachtungsgabe. Die kannst du beim Schreiben von Romanen immer gut gebrauchen.

Danke

Vielen Dank – dass du bis hierhin gelesen hast, dass du mir dein Vertrauen geschenkt hast und dass du mich in meiner Arbeit unterstützt. Ohne dich gäbe es dieses Buch nicht, denn wir Autor*innen brauchen Menschen, die unsere Bücher lesen. Ein herzliches Dankeschön daher an dich. Schreib mir gerne, wenn dein erstes oder nächstes Buch erscheint. Es ist so schön zu sehen, wenn der kleine Stein, den wir ins Wasser werfen, Kreise zieht.

Ein großes Dankeschön geht an die vielen Menschen, mit denen ich bereits zusammenarbeiten durfte. Mein Dialoge-Workshop ist immer wieder der beliebteste Workshop, den ich anbiete. Ich freu mich über die Begeisterung, mit der er aufgenommen wird. Ohne diese Menschen hätte ich nicht mit diesem Buch begonnen – und würde wahrscheinlich heute immer noch glauben, dass nur ich von Dialogen ganz besonders fasziniert bin.

Ein besonderes Dankeschön geht wie immer an meinen   Mann Josef, der mich durch die Achterbahnfahrten zu jedem einzelnen Buch begleitet und der mit mir die Leidenschaft fürs Wort teilt. Ohne ihn hätte ich kein einziges Buch veröffentlicht.

Stichwortverzeichnis

Literaturverzeichnis

Zitierte Romane und Kurzgeschichten

Adick, Susanne: The Talking Story. Ein Rheine-Krimi. In: Lass sie mal machen: Kurzgeschichtensammlung, unabhängig veröffentlicht, 2023.

Bronsky, Alina: Baba Dunjas letzte Liebe: Roman. Köln: Kiepenheuer &t Witsch, 2017.

Chiang, Ted: Die Hölle ist die Abwesenheit Gottes: Golkonda, 2011.

Cline, Emma: The Girls: Roman. München: Hanser, 2016.

Eggers, Dave: Der Circle: Roman. Köln: Kiepenheuer & Witsch, 2014.

Ferris, Joshua: Mein fremdes Leben : Roman. Köln: Btb, 2016.

Flynn, Gillian: Gone Girl - Das perfekte Opfer : Roman. Berlin: S. Fischer Verlag, 2013.

Hausmann, Romy: Liebes Kind: Thriller | Der Bestseller zur Netflix-Serie. München: Deutscher Taschenbuch Verlag, 2019.

Hawkins, Paula: Girl on the Train - Du kennst sie nicht, aber sie kennt dich: Roman. München: Blanvalet Verlag, 2015.

Hermann, Judith: Sommerhaus, später : Erzählungen. Berlin: S. Fischer Verlag, 2014.

Herrndorf, Wolfgang: Tschick. Reinbek bei Hamburg: Rowohlt Verlag GmbH, 2011.

Hornby, Nick: About a boy: Roman. Köln: Kiepenheuer & Witsch, 2011.

Kraus, Yvonne, Kraus, Josef: Die Zukunft ist ein Fremder: Science-Fiction-Erzählungen. Hamburg: tredition, 2024.

Lüscher, Jonas: Frühling der Barbaren: Roman. München: C.H.Beck, 2013.

Mitchell, David: Die Knochenuhren. Reinbek bei Hamburg: Rowohlt Verlag GmbH, 2016.

Murakami, Haruki: 1Q84. Buch 1&2: Roman. K: Dumont Buchverlag, 2010.

Ness, Patrick ; Dowd, Siobhan: Sieben Minuten nach Mitternacht: cbj Verlag, 2011.

Ng, Celeste: Kleine Feuer überall: Roman. Köln: DTV, 2021.

Stelling, Anke: Bodentiefe Fenster. Berlin: Verbrecher Verlag, 2015.

Sillitoe, Alan: Die Einsamkeit des Langstreckenläufers (The loneliness of the long-distance runner, dt.) Und andere Erzählungen. Zürich: Diogenes, 1967.

Wallace, David Foster: Unendlicher Spaß : Infinite Jest. Roman. Köln: Kiepenheuer & Witsch, 2011.

Wright, Austin McGiffert: Tony und Susan. Tony & Susan : Roman. München/Unterschleißheim: Luchterhand, 2012.

Zeh, Juli: Nullzeit : Roman. M: btb Verlag, 2018.

Quellen und weiterführende Bücher

Bücher zu Dialogen

Adams, Jon: How To Write Realistic Dialogue : Realistic Dialogue Writing Foundations. : Green Mountain Computing.

Bell, James Scott: How to Write Dazzling Dialogue : The Fastest Way to Improve Any Manuscript. : Compendium Press, 2014.

Driver, Jim: How To Write Dialogue That Sparkles : The Key To Writing Better Novels, Screenplay Writing: Dialogue Writing Made Simple. Fishers, Indiana 46038, USA: Amazon Digital Services LLC - KDP Print US, 2019.

Elkins, Jeff: The Dialogue Doctor Will See You Now! : How to Write Dialogue and Characters Readers Will Love. : Dialogue Doctor, 2023.

Hough, John: The Fiction Writer's Guide to Dialogue : A Fresh Look at an Essential Ingredient of the Craft. New York: Simon and Schuster, 2015.

McKee, Robert: Dialog : Wie man seinen Figuren eine Stimme gibt. Ein Handbuch für Autoren. Berlin: Alexander Verlag Berlin, 2020.

Schütte, Oliver: "Schau mir in die Augen, Kleines" : die Kunst der Dialoggestaltung. Konstanz: Uvk, 2010.

Bücher zu Kommunikation

Harari, Yuval Noah: Eine kurze Geschichte der Menschheit : E-Book mit Exklusiv-Interview mit Yuval Noah Harari. München: DVA, 2013.

Meggle, Georg: Grundbegriffe der Kommunikation. Berlin: Walter de Gruyter, 2011.

Thun, Friedemann Schulz von ; Zach, Kathrin ; Zoller, Karen: Miteinander reden von A bis Z : Lexikon der Kommunikationspsychologie. Reinbek bei Hamburg: Rowohlt Verlag GmbH, 2012.

Thun, Friedemann Schulz von: Miteinander reden 1-4. Reinbek bei Hamburg: Rowohlt Verlag GmbH, 2013.

Watzlawick, Paul: Anleitung zum Unglücklichsein. München: Piper, 2013.

Watzlawick, Paul: Wenn du mich wirklich liebtest, würdest du gern Knoblauch essen : über das Glück und die Konstruktion der Wirklichkeit. München: Piper, 2008.

Schreibratgeber

Bradbury, Ray: Zen in der Kunst des Schreibens. Berlin: Autorenhaus-Verlag, 2003.

Butler, Robert Olen: From Where You Dream : The Process of Writing Fiction. : Open Road + Grove/Atlantic, 2007.

Frey, James N: Wie man einen verdammt guten Roman schreibt 1. Köln: Emons Verlag, 2021.

King, Stephen: Das Leben und das Schreiben. München: Heyne, 2011.

Stein, Sol: Über das Schreiben. Berlin: Autorenhaus, 2015.

Mehr Schreibratgeber von Yvonne Kraus

 **130 Übungen für Kreatives Schreiben:** Schreibübungen für Schreibbegeisterte, Autorinnen, Autoren, Lehrerinnen, [...], ISBN: 978-3949854286

 **200 neue Übungen für kreatives Schreiben:** Mehr Schreibübungen für Schreibbegeisterte, Autor*innen, Lehrer*innen, [...], ISBN: 978-3949854187

 **Ein Roman in 60 Tagen:** Schritt-für-Schritt-Anleitung zu deinem Roman: Wie du in 60 Tagen deinen Roman planst, [...], ISBN: 978-3949854279

 **Dein Weg zum Sachbuch:** So schreibst und veröffentlichst du erfolgreich dein Sachbuch, dein Fachbuch oder deinen Ratgeber ISBN: 978-3949854002

Andere Bände der Reihe

Dies ist der erste Band der Reihe *leichtSchreiben – Praxiswissen für Autor*innen* mit mehr als 20 geplanten Bänden. Als nächstes werden die folgenden Bücher erscheinen:

Erfolgs-Mindset für Autor*innen
Wie du den Glauben an dich stärkst, negative Überzeugungen überwindest und mit Mut, Zuversicht und Selbstvertrauen dein bestes Buch schreibst

Perfektes Plotten für
Wie du deine Geschichten mit Spannung und Überraschungen so planst, dass das Schreiben dir noch leichter von der Hand geht

Buch-Marketing für Autor*innen
Wie du dein Buch von Anfang bis Ende so planst, schreibst und veröffentlichst, dass es sich gut, beständig und dauerhaft verkauft

Über die Autorin

Yvonne Kraus, Jahrgang 1976, lebt gemeinsam mit ihrem Mann und ihrem Hund Rocket in einem kleinen Ort in der Eifel. Beruflich hat sie ihre Heimat bei den Büchern gefunden. Als Autorin schreibt sie Romane, Kurzgeschichten und Sachbücher, vor allem über das Schreiben. Als Buchcoach unterstützt sie Menschen dabei, sich den Traum vom eigenen Buch zu erfüllen. 2024 wurde sie aus mehr als 70 Nominierten unter die Top 5 Buchcoaches in ganz Deutschland gewählt.

Auf ihren Websites leichtschreiben.de und yvonne-kraus.de bietet sie Kurse und Workshops rund um Schreiben und Sichtbarkeit an.

.

FSC
www.fsc.org

MIX

Papier | Fördert
gute Waldnutzung

FSC® C083411

Zeitfracht Medien GmbH
Ferdinand-Jühlke-Straße 7
99095 Erfurt, Deutschland
produktsicherheit@kolibri360.de